Roberto Cardoso

TETOS
PROFISSIONAIS

Como evitar as armadilhas
no desenvolvimento de sua carreira

Dados Internacionais de Catalogação na Publicação (CIP)
(Câmara Brasileira do Livro, SP, Brasil)

Cardoso, Roberto
Tetos profissionais : como evitar as armadilhas no desenvolvimento de sua carreira /
Roberto Cardoso. -- São Paulo : Paulinas, 2012. – (Coleção diálogo)

ISBN 978-85-356-3360-3

1. Carreira profissional - Desenvolvimento   2. Carreira profissional - Mudanças
3. Competência   4. Educação profissional - Brasil   5. Marketing   6. Qualificação
profissional - Administração   7. Sucesso profissional   I. Título.   II. Série.

12-12310   CDD-658.4093
                                                                          -650.14

Índices para catálogo sistemático:
1. Carreira : Sucesso profissional : Administração   658.4093
2. Carreira profissional : Desenvolvimento : Administração   650.14

1ª edição - 2012

Direção-geral: *Bernadete Boff*
Editora responsável: *Andréia Schweitzer*
Copidesque: *Mônica Elaine G. S. da Costa*
Coordenação de revisão: *Marina Mendonça*
Revisão: *Sandra Sinzato*
Assistente de arte: *Ana Karina Rodrigues Caetano*
Gerente de produção: *Felício Calegaro Neto*
Capa e diagramação: *Wilson Teodoro Garcia*
Foto de capa: *© olly – Fotolia.com*

---

*Nenhuma parte desta obra poderá ser reproduzida ou transmitida
por qualquer forma e/ou quaisquer meios (eletrônico ou mecânico,
incluindo fotocópia e gravação) ou arquivada em qualquer sistema ou
banco de dados sem permissão escrita da Editora. Direitos reservados.*

Paulinas
Rua Dona Inácia Uchoa, 62
04110-020 – São Paulo – SP (Brasil)
Tel.: (11) 2125-3500
http://www.paulinas.org.br
editora@paulinas.com.br
Telemarketing e SAC: 0800-7010081

© Pia Sociedade Filhas de São Paulo – São Paulo, 2012

Este livro é dedicado a
Viviane,
mulher amada, companheira de vida,
e a Gabriel e Juliana,
filhos amados, pessoas que sempre crescem.

Sumário

Prefácio 7

Apresentação 9

A história deste livro 11

Introdução 15

Parte I
Tetos objetivos

Capacitação técnica 25

Domínio de recursos digitais 30

Base de idiomas 34

Apresentação pessoal 38

Etiqueta e boas maneiras 44

Cultura geral e informação 48

Comunicação e contatos 53

Administração do tempo 58

Capacidade de trabalhar em grupo 63

Percepção da hierarquia 71

Organização financeira 74

Saúde física 78

Parte II
Tetos subjetivos

Imagem pessoal 85

Eloquência e oratória 91

Relação com novos instrumentos e informações.........94

Capacidade de readaptação 99

Estrutura de lar...105

Ambição...109

Satisfação com valores espirituais...................................114

Inteligência emocional...117

Domínio da assertividade 124

Gerenciamento do estresse 128

Gosto pela atividade escolhida...149

A *Alma mater* da profissão escolhida............................154

Marketing pessoal...158

Liderança 163

Parte III
Prevenindo os tetos profissionais

Como evitar os tetos profissionais 193

Palavras finais...197

Prefácio

Nestes meus bons anos de vida, tenho vivenciado muitas histórias interessantes. Em uma delas, em certa ocasião deparei-me com a notícia de um importante jornal local que me causou muita estranheza. O título era: "O engenheiro que virou suco". Pensei de início que se tratasse de alguma crônica policial, mas na realidade dizia respeito a um jovem que se formara engenheiro, mas, não se encontrando nessa profissão, abriu um negócio de produção de sucos, com muito êxito, diga-se de passagem. Lembrei-me agora dessa história, pois vejo uma nítida semelhança com a caminhada do amigo Roberto Cardoso. Eu o conheci quando ele me procurou para propor um trabalho conjunto sobre meditação, assunto que vínhamos desenvolvendo em nosso departamento na Unifesp. Profissional da área médica, demonstrou um interesse ímpar no âmbito das ciências do comportamento humano, e hoje atua de forma muito competente na Medicina Comportamental, área pela qual ele nutre até certa paixão, se minha sensibilidade estiver correta. É, em minha opinião, a maior autoridade em nosso meio acadêmico, na ciência da meditação. Não só conhece os aspectos teóricos desse procedimento, como também é um especialista em sua prática. É um professor e palestrante de excelente nível. E, agora, coroa sua carreira como escritor.

Deu-me a honra de prefaciar este livro, o que foi para mim uma tarefa muito prazerosa e que me proporcionou muita alegria.

O livro aborda, fundamentalmente, o limiar de competência profissional, que, de acordo com o autor, pode ser modificada por treinamento. Oferece também pistas importantes no que se denomina "gestão de carreira". De uma estrutura bem elaborada, com frases motivacionais muito bem selecionadas, desenvolve o livro com uma linguagem agradável e com exemplos simples, mas significativos. Pode-se dizer que se trata de um tema de autoajuda. Porém, seu conteúdo é de muita seriedade, podendo, portanto, ser classificado como um livro que trata de forma séria um assunto de muita relevância. Seguramente poderá servir de auxílio às pessoas que se ocupam da sua gestão de carreira ou, de forma mais ampla, da própria gestão de vida.

Conhecendo Roberto como eu o conheço, tenho certeza de que o livro não trata de teorias, mas de um conhecimento adquirido por experiência de vida de um excelente profissional. Parabéns, Roberto!

José Roberto Leite
Professor associado livre-docente da Unifesp.
Idealizador do Setor de Medicina Comportamental da Unifesp.

Apresentação

Você quer realmente ser uma pessoa de sucesso?

Este livro pode ajudá-lo!

O Prof. Dr. Roberto Cardoso transmite seus conhecimentos e sabedoria vivencial através desta obra.

Com a experiência de um grande pesquisador e professor, discorre sobre conceitos importantíssimos para uma carreira próspera: comunicação, liderança, Medicina Comportamental, qualidade de vida...

Faz um alerta para as armadilhas que podem limitar o desenvolvimento profissional e traz orientações preciosas de como superar desafios e se preparar para as oportunidades do futuro.

Relata frases e ideias geniais de diversos escritores, mas principalmente resume toda uma forma de viver e de ensinar do próprio autor.

Muito mais que uma excelente leitura, este livro é um convite para a vivência desses conceitos tão valiosos para quem deseja, realmente, ser uma pessoa de sucesso!

Rogerio Ciarcia Ramires

Médico, doutor em Medicina pela USP.
Empresário e diretor do FEMME – Laboratório da Mulher.

A história deste livro

Ainda na puberdade, eu bisbilhotava com frequência a biblioteca do meu pai. Várias vezes, nas minhas incursões, eu via o dorso de um livro com o seguinte título: *Todo mundo é incompetente, inclusive você.*[1]

Naturalmente, esse título não atraía um jovem de pouca idade. Afinal, falar de competência – ou incompetência – parecia-me muito sisudo, muito profissional, muito adulto. E o livro ali continuava.

Mas há um ditado que diz que "a curiosidade matou o gato". E eu terminei caindo na armadilha da minha própria curiosidade, quando, certo dia, acabei não resistindo e tomei aquele livro para ler.

Surpreendentemente, o livro me encantou. Ele falava de como as pessoas iam crescendo profissionalmente até que, um dia, atingiam o seu "limiar de incompetência". Poderíamos exemplificar isso com o caso de um bom faxineiro que era promovido, tornando-se um bom porteiro, que era promovido, tornando-se um bom recepcionis-

---

[1] PETER, Laurence. *Todo mundo é incompetente, inclusive você*. Rio de Janeiro: J. Olympio, 1972.

ta, que era promovido, tornando-se um bom chefe de recepção, que era promovido, tornando-se um *péssimo* gerente geral. Como ele havia se tornado, de repente, um péssimo funcionário? Resposta: havia atingido o seu "limiar de incompetência". Em outras palavras, seu nível de competência, absolutamente compatível com as funções anteriores, já não era mais compatível com a função atual.

O autor explicava, através de uma argumentação interessante, e muito bem-humorada, como isso representava um grande problema para as instituições. Afinal, no caso do ótimo faxineiro que virou um péssimo gerente, o que fazer com ele a partir daí? Devolvê-lo à função anterior era bem complicado para a harmonia hierárquica da empresa. Demiti-lo, seria fazê-lo pagar por uma falha que não foi dele, e sim de quem o promoveu. E, segundo o autor, em quase todas as instituições encontraríamos pessoas incompetentes, insatisfeitas, porque haviam sido promovidas até atingir cargos e funções que revelavam o seu "limiar de incompetência".

Foi tanto o impacto que esse livro teve sobre mim que, durante mais de vinte anos, aceitei essa tese como um fato inexorável, que nos espreitava a todos, em nossas trajetórias profissionais. Preocupava-me apenas tentar não ultrapassar, um dia, o meu próprio "limiar de incompetência".

Contudo, ao estudar os aspectos comportamentais humanos, percebi que muitas de nossas limitações podem ser trabalhadas; ou seja, o chamado "limiar de incompetência" pode ser mudado; e que vários fatores podem interferir nesse "limiar" que impede o crescimento do indivíduo. Além disso, pude notar que, por termos a chance de trabalhar progressivamente nossas limitações, esse "limiar" se tornaria móvel. Seria como o teto móvel de uma barraca de *camping* que, a depender do tamanho das estacas utilizadas na montagem da barraca, teria certa altura. No entanto, se trocássemos as estacas por outras mais longas, a altura do teto se elevaria. Essa metáfora deu origem ao que chamo de *"tetos profissionais"*.

Como reconhecer esses tetos profissionais? É fácil! Olhe em volta de si e veja que a maioria das pessoas tem histórias de vidas profissionais, quase sempre, muito parecidas.

Após anos de esforço, de dedicação e, consequentemente, de crescimento, há um momento em que tudo parece estacionar. Como num passe de mágica, aquela carreira, muitas vezes coroada de sucessos, experimenta uma inesperada estagnação. E, o pior, frequentemente isso acontece de forma súbita, como se um encanto tivesse sido jogado contra aquele profissional e fizesse com que ele estacionasse em sua trajetória.

O que aconteceu? Esse indivíduo atingiu o seu "limiar de incompetência", ou seja, atingiu os limites máximos de suas possibilidades, estando condenado a

13

não mais progredir? Penso que não. Prefiro acreditar que esse indivíduo chocou-se contra um "teto profissional", ou seja, viu-se diante da ausência de uma habilidade específica para a qual não atentou antes, mas que agora se faz absolutamente necessária. Porém, quase sempre, o aspecto que configura o teto é algo passível de ser trabalhado, é uma competência que pode ser obtida.

Essas reflexões deram origem a este livro, que fala dos nossos principais tetos profissionais. Acredito que sua leitura poderá ajudar os leitores não apenas do ponto de vista profissional, mas também estimulando uma reflexão sobre vários aspectos da sua própria pessoa e de sua vida. Na primeira parte, falaremos sobre os "tetos objetivos", técnicos, uma leitura útil principalmente para os jovens profissionais. A segunda parte apresenta os "tetos subjetivos", as limitações comportamentais que costumam sabotar a carreira dos mais experientes. Finalmente, a terceira parte fala sobre a prevenção dos tetos e sobre como eles podem ser instrumentos de crescimento. No entanto, este livro, passados os três primeiros capítulos, pode ser lido em qualquer ordem de sua preferência.

Cresci muito escrevendo este texto. Também foi muito prazeroso. Espero que, também, para você, esta seja uma leitura de crescimento e prazer!

O autor

Introdução

Os tetos profissionais

Como já vimos, um teto profissional é uma característica que, em dado momento, impede a progressão da nossa carreira.

Mas quais seriam as características básicas de um teto profissional?

- *Detalhe*: Geralmente, trata-se de algo que, no decorrer de nossa história, sempre foi visto como um detalhe, uma pequena "bobagem", sem a menor importância. Exemplo: você reside em um país que não tem o inglês como língua-mãe e, por isso, diz: "Saber inglês é um detalhe sem importância".

- *Negligência*: Esse "pormenor", exatamente por ser "apenas um detalhe", nunca recebeu importância em seus planos, ou seja, foi continuamente negligenciado. Diante disso, jamais ganhou nenhum investimento pessoal ou, se o recebeu, foi um investimento mínimo. Exemplo: "Tenho várias outras coisas para fazer, mais importantes do que aprender inglês, que é apenas um detalhe sem importância".

- *Ausência de impacto inicial*: É claro que, por muito tempo, esse "detalhe", mesmo negligenciado, não teve nenhum impacto sobre a sua carreira. Ou seja, ele nunca foi valorizado e também nunca interferiu em seu progresso. Exemplo: "O inglês jamais fez falta em minha vida profissional; se eu preciso, eventualmente, ler um texto em inglês mais elaborado, peço a alguém que o faça por mim e está tudo certo".

- *Importância súbita*: Um dia, de repente, você percebe que aquele aparente "detalhe" era bem mais importante do que parecia. Acontece uma súbita caracterização da sua importância, que lhe surpreende e, frequentemente, lhe assusta. Exemplo: "O diretor da matriz chega ao Brasil, se encanta comigo, quer me oferecer um alto cargo nos EUA e pergunta se eu falo e leio inglês fluentemente".

- *Parada de progressão*: Por conta desse "detalhe", sua vida profissional é estagnada. Fica muito difícil progredir profissionalmente sem resolver essa deficiência. Exemplo: "Não saber inglês vai me fazer perder essa oportunidade incrível".

- *Recuperação lenta*: "*Quase sempre*" é possível reparar essa deficiência. "*Quase nunca*" com a velocidade necessária, a tempo de impedir o prejuízo imediato. Exemplo: "Esta vaga tem de ser preenchida nos próximos 15 dias e não há como aprender a ler e falar inglês fluentemente nesse tempo".

Repassando: um teto profissional é algo inicialmente visto como um detalhe que não merece receber investimento e sua falta não é capaz de causar nenhum impacto inicial na sua carreira. Um dia, subitamente, seu progresso é estagnado, e aí você percebe a importância daquele "detalhe", que não tem como ser recuperado de forma rápida. Mais graves ainda são os casos em que tudo isso acontece sem que o profissional consiga perceber a existência do teto. Este último exemplo ilustra aqueles típicos casos da pessoa que vive "batendo na trave", que não entende por que as coisas sempre acabam dando errado em algum momento.

Um pergunta que sempre me fazem é "Por quê?". Por que os tetos aparecem tão rapidamente, como que surgindo do nada. O que faz os tetos aparecerem? E essa pergunta pode ser respondida com duas palavras: *"exigência"* e *"evidência"*.

Exigência é a primeira coisa que revela um teto profissional.

Vamos imaginar que existam, diante de você, três automóveis, aparentemente iguais, que vão iniciar uma viagem de 300 km. Ao olhar para eles, não se nota nenhuma diferença visível. No entanto, iniciada a viagem, um deles sofre uma pane após 100 km, outro quebra a suspensão aos 200 km e apenas um deles consegue completar o percurso de 300 km. O que aconteceu? Aqueles carros, tão parecidos num primeiro momento, ao serem exigidos, mostraram suas desigualdades. Essas diferenças, que não eram perceptíveis à primeira vista, foram acusadas diante da exigência de cumprir uma viagem de 300 km.

Da mesma forma, acontece em nossa vida profissional. Pequenas deficiências passam a ser notadas quando se exige um pouco mais do indivíduo, em uma nova função. E o pior: aquelas deficiências, diante das novas funções, deixam de ser pequenas e se tornam importantíssimas.

Evidência é o outro fator que demonstra o teto profissional.

Em minhas palestras sobre esse tema, costumo projetar uma figura muito bonita, em tamanho pequeno. Depois, pouco a pouco, vou aumentando a mesma figura cada vez mais. Curiosamente, a figura, que inicialmente parecia tão bela, vai mostrando cada vez mais imperfeições, à medida que é ampliada. Na verdade, as imperfeições já existiam, porém ficam mais evidentes quando a figura aumenta.

Ocorre o mesmo durante a nossa carreira. Nossas pequenas limitações, que nunca apareciam aos outros, vão se tornando cada vez mais expostas, à medida que somos colocados em evidência. Quando assumimos um cargo de chefia, por exemplo, ficamos invariavelmente em maior exposição, em constante evidência, e isso acaba mostrando aquelas limitações que antes eram imperceptíveis.

Lembre-se: *exigência* e *evidência*. Esses são os denunciadores dos tetos profissionais. Se você acha que não tem tetos, que não tem limitações, é porque ainda não foi exigido ou exposto o bastante para que esses tetos apareçam. E não há carreira bem-sucedida, não há história de êxito, não há trajetória profissional crescente na qual a evidência e a exigência não estejam presentes e sempre crescentes.

"A alma não pode ter segredos que nossa conduta não revele."

Provérbio chinês

Quais são esses tetos?

Em termos didáticos, podemos dividir os tetos profissionais em dois grandes grupos: os objetivos e os subjetivos. Eles serão abordados nas partes I e II deste livro, respectivamente.

Os tetos objetivos são eminentemente técnicos, e costumam envolver formação, treinamento, conhecimento, ou aspectos comportamentais socialmente primários.

Os principais seriam:

- capacitação técnica;
- domínio de equipamentos digitais;
- base de idiomas;
- apresentação pessoal;
- etiqueta e boas maneiras;
- informação e cultura;
- comunicação e contatos;
- administração do tempo;
- capacidade de trabalhar em grupo;
- percepção da hierarquia;
- organização financeira;
- saúde física.

Os tetos subjetivos são primordialmente limitações comportamentais, geralmente relacionadas com a nossa maneira de ser, de viver, de pensar e de agir, tanto no ambiente de trabalho quanto fora dele. Os melhores exemplos são:

- imagem como pessoa;
- eloquência e oratória;
- relação com novos instrumentos e informações;
- capacidade de readaptação;

- estrutura de lar;

- ambição;

- satisfação com valores espirituais;

- inteligência emocional;

- domínio da assertividade;

- gerenciamento do estresse;

- gosto pela atividade escolhida;

- conhecimento da *alma mater* de sua profissão;

- marketing pessoal;

- liderança.

Depois de descrever os tetos, na última parte (Prevenindo os tetos profissionais) falaremos sobre como prevenir-se para não se "chocar" com esses tetos no decorrer da sua carreira.

"Não corrigir nossas faltas é o mesmo
que cometer novos erros."

Confúcio

PARTE I
Tetos objetivos

Capacitação técnica

Sem dúvida, a capacitação técnica é o teto mais fácil de perceber.

É simples imaginar que, se não tivermos um mínimo de capacidade para o exercício de determinada função, dificilmente iremos longe em nossa carreira.

Podemos até enganar uns e outros, por algum tempo, trabalhando aqui, errando um pouco ali, dando algumas desculpas; mas, um dia, seremos taxados como "tecnicamente limitados".

À medida que aumenta a *exigência*, a limitação técnica aparece cada vez de forma mais clara. Seria como um barco, frágil, que navega em um rio. Quando o rio começa a ganhar velocidade, vão aparecendo furinhos, aqui e ali, que se somam e ficam cada vez mais difíceis de disfarçar.

À medida que aumenta a *evidência*, todos percebem essa limitação. No exemplo do barco, seria como se várias pessoas viessem à margem do rio, para ver o desempenho do barco, e se deparassem com um barquinho frágil, cheio de furos e seriamente arriscado a afundar.

De maneira geral, este é um teto tão óbvio que todos – ou quase todos – conseguem percebê-lo facilmente. Mesmo o jovem inexperiente já sabe que, se não estiver adequadamente preparado do ponto de vista técnico, dificilmente conseguirá progredir.

Quando esse teto aparece, quase sempre é porque o preparo técnico foi muito imediatista, ou seja, considerou apenas um primeiro momento da carreira. No caso do barco, seria como prepará-lo somente para o trecho mais tranquilo do rio, sem considerar que, logo adiante, a correnteza aumentaria de velocidade e exigiria mais de sua estrutura.

Da mesma forma, alguns profissionais preocupam-se apenas com as necessidades imediatas de seu cargo ou função, sem pensar nem mesmo no futuro próximo. Seria como o carregador de caixas de uma empresa que apenas se preocupa em carregar as caixas e colocá-las, com cuidado, no lugar determinado. Nunca pensa em como arrumá-las melhor, ou como usar o carimbo que as classifica, ou em saber como elas são despachadas. "Afinal" – pensa ele – "por que um carregador teria que saber disso?". Segundo ele, um carregador não precisa ser organizado, nem saber carimbar, nem saber despachar, nem mesmo ter um bom relacionamento interpessoal; um carregador deve, tão somente, carregar caixas, e nada mais. Esse profissional não percebe que, se um dia faltar o organizador das pilhas, ou o carimbador das caixas, ou o gerente de despachos, ele não terá a menor chance de substituí-los. "Primeiro", pensarão seus superiores, "porque não tem sequer ideia da função do outro. Segundo, porque nunca demonstrou nenhum interesse por essas outras funções. Terceiro, porque não se preocupou em desenvolver as habilidades de organização, trato interpessoal, dentre outras, que seriam necessárias para os outros cargos". E o pior de tudo. Nessa empresa, todos os funcionários sabem que, em média, um carregador é promovido em torno de um ou dois anos. Ou seja, havia uma progressão não apenas possível, mas até muito provável, e ele nunca se preocupou em estar preparado!

Creio que nem preciso falar, aqui, dos tetos curriculares, porque são ainda mais evidentes. Se alguém pretende ser nomeado para administrar uma grande empresa, é claro que terá que ter uma formação em administração. Quando um profissional liberal pretende seguir a carreira acadêmica, seu caminho natural será buscar título de pós-graduação. Currículo não é sinônimo de competência, mas o currículo de alguém é como um cartão de visita que pode lhe abrir a porta para uma primeira chance na carreira pretendida. Saber fazer é capacitação. Ter um currículo mínimo é habilitação.

Voltemos, então, à competência técnica.

Em minha opinião, o diagnóstico de um teto por falta de capacitação prática representa um profissional que necessita muito ser ajudado. Esse profissional, ou não consegue antever o óbvio, ou está em uma atividade profissional que não é capaz de estimulá-lo. Se não consegue antever o óbvio, está com um sério problema de gerenciamento de carreira. Se não se sente nada estimulado, tem de procurar aquilo que o estimula.

Algumas pessoas me dizem que o que mais pode estimular alguém é um alto cargo, uma função importante. Porém, quem diz que só se sentiria estimulado por altos cargos necessita lembrar-se de que não há como subir uma escada começando pelo último degrau, e que estará estimulado, em altos cargos, aquele mesmo profissional que sempre encontrou estímulo e contentamento em tudo que fez.

Por isso, se você vai se iniciar em algum cargo ou função, procure se preparar bem. É claro que, em quase todas as situações, o que temos de fazer no dia a dia é muito repetitivo, quase mecânico, mas isso não anula a necessidade de uma boa preparação. O trabalho de uma recepcionista, por exemplo, pode ser considerado monótono e fácil. Quase sempre, o cliente chega, deve receber um "bom-dia" ou "boa-tarde" e ser informado sobre o que fazer. "Não há segredos", dizem alguns. "Não é preciso estar preparado para muita coisa", dizem outros. Todavia, em um ou dois por cento das vezes, surgem situações bem diferentes do habitual, e é nessa hora que o preparo poderá fazer toda a diferença. Nesse momento, a recepcionista estará sob intensa *exigência* e, aos olhos do patrão e do visitante, sob grande *evidência*. Então, se ela buscou melhor preparo, este fará toda a diferença. E nunca pense que ninguém notou. Nunca pense "eu faço tudo muito benfeito, mas ninguém percebe". Sempre, sempre mesmo, alguém estará percebendo. Se não for o patrão, será a sua colega, ou será o cliente em atendimento, ou outro cliente que estava por perto, ou alguém a quem o cliente irá comentar. A partir daí podem surgir outras oportunidades. Já vi empregos aparecerem a partir de pessoas que nem conheciam o funcionário, mas que ouviram falar, através de terceiros, de sua habilidade em situações incomuns.

> "Muitas vezes, nossa maneira
> de justificar um erro o agrava."
> *William Shakespeare*

Domínio de recursos digitais

Um jovem médico entrou em uma escola de informática, foi até o balcão de atendimento e disse:

– Preciso, urgentemente, aprender a mexer direito com computadores. Estou me sentindo na Idade da Pedra!

Imediatamente, matriculou-se em um curso para iniciantes e, passados dois ou três meses, sua angústia começou a diminuir. Passou a entender como lidar com aquela máquina que, antes, lhe causava tanto desconforto.

Saiba que isso aconteceu comigo mesmo. Porém, há mais de vinte anos!

Hoje em dia, essa história já não faria nenhum sentido, pois os jovens já crescem em contato com computadores e equipamentos digitais. Não saber lidar com um computador, hoje, é quase como não saber falar ao telefone, ou não saber ligar um aparelho de televisão. É, em minha opinião, um estado de exclusão social.

A falta de domínio desses equipamentos será um teto profissional na certa, e em qualquer tipo de trabalho. São computadores "clássicos", *notebooks*, *netbooks*, *tablets*, *smartphones*, enfim, uma série de recursos que hoje fazem parte do dia a dia profissional. No capítulo anterior, falamos sobre a importância da capacitação técnica. Porém, já vi indivíduos, mesmo tecnicamente pouco capacitados, irem mais adiante do que aqueles que não sabem operar bem um computador. Isso porque o computador, hoje, nas empresas, participa de todas as etapas de produção ou de atendimento, excluídas aquelas puramente braçais.

Todavia, mesmo entre aqueles que já operam bem esses recursos, ainda há o risco de surgir o teto profissional um dia.

Como? Diante da *exigência* e da *evidência*.

À medida que aumenta a *exigência*, o domínio do computador vai se tornando cada vez mais importante. Imagine que um promissor funcionário opera um computador em uma recepção de hotel. Tudo vai bem, por um tempo. Ele checa as reservas, atualiza informações sobre os ocupantes dos quartos, localiza o apartamento de um hóspede etc. Até que um dia, de madrugada, lhe chega um hóspede e ele tem dificuldades em localizar a reserva. Começa, nesse momento, uma série de dúvidas: há outra forma de localizar a reserva que parece ter sumido das telas? Como obter um rápido relatório de reservas? Como acessar reservas que tenham sido eventualmente apagadas? Nesse instante, se o recepcionista tiver êxito em localizar a reserva, ele se diferenciará, marcará pontos a seu favor. Ao contrário, se ele não conseguir localizar e tiver de chamar o colega ao lado, dará a esse colega a chance de se diferenciar. É claro que, em muitos casos, temos que pedir ajuda; afinal, resolver o problema do cliente é o mais importante. Contudo, quando você mesmo resolve, lucra duas vezes com isso. Lucra porque resolveu o problema do cliente e lucra porque demonstra seu preparo em uma situação incomum.

À medida que aumenta a *evidência*, também chega o risco de se mostrar o teto profissional. Imagine que, ao resolver alguns problemas incomuns como o caso da reserva que citamos, você acabe sendo promovido e ocupe o que chamaremos de "Balcão informatizado exclusivo para solução imediata de problemas". Ora, nesse balcão, você estará em constante evidência. Todos os funcionários recorrerão a você, todos os clientes com problema estarão a um metro de distância, seu chefe estará sempre lhe solicitando. Esse novo cargo testará toda a sua habilitação em informática, e fará surgir um teto ou uma chance de nova promoção. Tudo dependerá do quanto você está treinado à frente de um sistema informatizado de reservas e o quanto se sente à vontade com ele.

E lembre-se: é importante esmerar-se em aprender os recursos de informática que tenham relação com sua profissão, ou mesmo com sua empresa. Por exemplo: se você é jornalista, precisa conhecer os programas destinados a organizar e buscar matérias. Se você trabalha em uma clínica, deve conhecer os programas de marcação, agendamento e laudos. Caso trabalhe em um escritório de arquitetura, é bom ter uma orientação básica em programas gráficos. E isso, é claro, *mesmo que sua função, no momento, ainda não exija o domínio desses programas*. Afinal, hoje é fundamental ser flexível, adaptável, com múltiplas habilidades, para estar cada vez mais competitivo no mercado. Caso não queira perturbar os colegas, pedindo para que lhe ensinem, recorra a uma escola de informática, que ofereça um curso sobre o programa usado na sua empresa. Garanto que isso lhe trará benefícios, mesmo que sejam a médio e longo prazo.

Mas, se por alguma razão, seu caso é muito pior, e ainda não aprendeu nada de informática, não se desespere: há esperança. Da mesma forma que a informática proliferou, multiplicaram-se também os cursos. Se você puder pagar, escolha um bom curso, bem conhecido, ou um professor com um currículo cheio de horas dedicadas à salvação dos "desinformatizados". Se não puder pagar, recorra a algumas instituições que promovem ações de "inclusão digital". Existem muitas, e várias muito boas. Inclusive, o computador que usei para escrever este livro, espero um dia doar para uma dessas instituições.

"Ninguém é perfeito...
é por isso que existem lápis e borracha."

Autor desconhecido

Base de idiomas

Certa vez, eu me inscrevi para assistir à palestra de um conhecido mestre oriental.

Cheguei mais cedo, para garantir um bom lugar. Na sala, só estavam, além de mim, duas meninas meio sonolentas, um jovem de uns quinze anos e um senhor de aspecto simplório. As meninas dormitavam no canto da sala. O velho senhor e o menino conversavam, em voz baixa, mas eu não os compreendia. Apesar de aquele senhor ter um ar muito simpático, parecia-me que sua dicção era tão limitada, sua fala tão confusa, que logo cataloguei o tal velhinho como um provável "matuto", que talvez nem soubesse bem o que fazia por ali.

Com o tempo, a sala foi se enchendo, se enchendo, e acabou por ficar desconfortável, tão grande era o número de participantes.

A promotora do evento entrou e anunciou que a palestra estava por começar. Descreveu algumas características do palestrante e o chamou à frente. Nesse momento, para minha enorme surpresa, o tal velhinho se levantou e começou a falar, tranquilamente, com aquela linguagem que eu não entendia. O rapazinho, agora já ao seu lado, começou a tradução paralela, e a palestra passou a se desenvolver.

Nesse dia, presenciei uma das palestras mais interessantes que já ouvi. Aquele senhor, de aspecto simplório, não só me pareceu um mestre de verdade, mas também era um excelente orador, didático, bem articulado e, inclusive, de humor refinado.

Pois é. Essa historinha exemplifica a enorme barreira que constitui uma diferença de línguas. Línguas diferentes são mundos diferentes, e quando há mundos diferentes, entre você e aqueles que lhe interessam profissionalmente, isso configura um teto profissional indiscutível.

Como o conhecimento de línguas pode funcionar como um teto profissional? É muito simples.

À medida que aumenta a *exigência*, mais poderá lhe fazer falta o conhecimento de idiomas. Imagine que você é um excelente vendedor de imóveis. Sua competência é tão grande que lhe vale uma promoção a gerente de vendas. Após essa primeira progressão, a vida segue retilínea, até que, certo dia, surge um grande comprador, rico, um verdadeiro nababo, que pode equivaler ao poder de compra de muitos dos seus habituais compradores. Porém, há um probleminha: ele fala outra língua, e o vendedor precisa se comunicar com ele nesse idioma, para que as negociações possam fluir com facilidade. E, nesse momento, se você não souber falar aquela língua, estará diante de um teto profissional. Agora, imagine outro vendedor, talvez subalterno a você, falando esse idioma e assumindo o processo de venda, que resultará em ricas comissões e, principalmente, no acesso a outro patamar de investidores, aos quais você ainda não havia conseguido atingir.

Por outro lado, à medida que aumenta a *evidência*, o conhecimento de idiomas também poderá ser um fator limitante. Imagine que, na historinha em questão, você soubesse falar aquela língua de modo razoável, e conseguisse fechar aquela venda com o rico comprador. Isso, quem sabe, poderia lhe valer uma promoção pela qual passaria a ser responsável pelas vendas a investidores estrangeiros. A partir daí, aquele primeiro grande comprador poderia começar a lhe enviar seus amigos, investidores igualmente importantes com os quais teria de tratar cada vez mais frequentemente, e cada vez mais rápido, pois as vendas cresceriam de forma exponencial. Mas, em certo momento, os investidores começam a sentir falta de certa desenvoltura sua no idioma e solicitam alguém que possa comunicar-se com eles de forma mais eficiente. E aí surge o mesmo vendedor do exemplo dado, que domina o idioma de forma competente, que é designado para sua posição, pois a empresa deve atender (e rápido) à solicitação de tão importantes clientes.

E ainda mais. Caso aquele idioma seja pouco falado mundo afora, até seria perdoável que você não o tivesse estudado. Imagine que os investidores são gregos e o seu subalterno é de origem grega. Tudo bem, não havia como prever tal situação. Foi um golpe de sorte. Não para você, é claro. Porém, se a situação era previsível, aí não tem perdão. Vamos supor que o dono da sua empresa seja grego, tenha vários amigos ricos na Grécia e vive dizendo que vai tentar convencê-los a investir no seu negócio de imóveis no Brasil... Será que você nunca pensou que esse dia poderia chegar, em que se veria diante de negociantes gregos querendo comprar (muito), enquanto você precisaria vender (muito mais)?

Por isso, não é apenas importante um domínio mínimo de línguas. É necessário, também, prever quais línguas poderão ser barreiras, um dia, em sua carreira profissional.

"A linguagem é o vestido dos pensamentos."

Samuel Johnson

Apresentação pessoal

Quando falamos em apresentação pessoal, geralmente nos deparamos com dois grupos básicos: um, que não dá valor a esse aspecto; e outro, que o supervaloriza.

O primeiro costuma falar que o que importa é a pessoa, seu caráter, sua essência, e nada mais. Dizem, os que defendem essa opinião, que a apresentação é algo superficial, sem grande importância.

O segundo grupo defende a ideia de que a apresentação é algo extremamente importante em um profissional. Alguns já chegaram a me dizer que, se tivessem que escolher entre ter uma boa figura ou ser uma boa pessoa, talvez escolhessem a boa figura.

Na verdade, a boa apresentação pessoal é algo que, em minha opinião, está a meio caminho entre essas duas posições.

Apresentar-se bem é muito importante, sim. Afinal, até mesmo para descobrir que você é uma boa pessoa, o outro terá, antes, que olhá-lo. Nesse momento, inevitavelmente, acontece a primeira impressão: a visual. Essa impressão visual poderá ser positiva e estimular a continuidade do contato, no qual o outro descobrirá como você é competente, como é bom parceiro etc. Quando, ao contrário, a primeira impressão é negativa, pode gerar uma resistência inicial à aproximação, e essa resistência fará com que o outro custe mais a descobrir seus outros valores, ou nunca os descubra.

Por outro lado, hipervalorizar a apresentação pode ser uma postura perigosa. Se o profissional preocupa-se apenas com sua imagem física, só pensa nela, só investe nela, corre o risco de negligenciar outros aspectos importantíssimos. Imagine alguém com uma ótima apresentação, que mostre deficiências técnicas importantes, quando o contato profissional se estreita. Que decepção! É algo similar àquele produto que compramos no supermercado, porque tem um lindo rótulo, uma atraente embalagem e, em casa, descobrimos que possui má qualidade. Não só nos decepcionamos, como até ficamos com certa raiva, uma sensação de que fomos enganados. Nesse caso, aquela venda obtida com a embalagem atraente vai ser um "tiro no pé", porque, ao invés de cativar um novo cliente, vai criar um propagandista negativo do seu produto, distribuindo impressões negativas onde passar, falando da decepção com seu produto para todos, alertando a outros para não se deixarem enganar pela embalagem bonita. Trata-se do contraste [embalagem boa – conteúdo ruim] que gera revolta, e produz um formador de

39

opinião contrária ao produto. Naturalmente, o mesmo se aplica a uma pessoa com boa apresentação, porém sem conteúdo profissional.

Não há regras universais para apresentação, mas algumas dicas básicas podem ser seguidas, e as principais seriam: boa imagem, não afetação, senso de ocasião, adequação profissional e aspecto corporal.

A boa imagem é o princípio básico do "Estou bonito?". Ela entra em julgamento quando, ao terminar de se arrumar, você se olha no espelho e pergunta a si mesmo se está interessante de se olhar, se algo está muito esquisito, se alguma coisa vai chamar atenção do ponto de vista negativo. Veja bem, eu disse "interessante" e não "deslumbrante", "estonteante". Por exemplo, quando uma mulher vai trabalhar, ela deve estar vestida para transmitir uma boa imagem e não "vestida para conquistar".

Entramos, aí, no cuidado com a "não afetação", e isso corresponderia a duas precauções: "não invente muito" e "não se vista para paquerar". Cuidado para não achar que roupa de trabalho é uma tela em branco, pronta para receber toda sua expressão artística; evite criar adereços estranhos, ou exagerar na moda, ou usar coisas que foram moda três décadas atrás, ou abusar da pseudoinformalidade, do "casual look". Saia para se apresentar bem, e não para desfilar. Outra falha é vestir-se como se fosse paquerar em um barzinho – mulheres de saias curtinhas, decotes fartos ou tecidos transparentes; homens com peitos peludos à mostra. Acredite, hábitos assim tem uma chance maior de piorar do que de melhorar a impressão profissional sobre você. Alguns aspectos (ex.: roupa muito sexy) podem continuar comprometendo sua imagem mesmo depois do primeiro contato, e ainda depois que já sejam conhecidas suas diversas qualidades.

A terceira dica poderia ser chamada de "senso de ocasião", que significa, como o próprio nome sugere, saber adequar a roupa que se veste com o momento que se vive. O conceito de elegância envolve compreender que fatores devem influenciar a escolha da roupa do dia, e isso começa com a pergunta: "O que vai acontecer hoje?". Apenas trabalho na sua própria mesa? Uma reunião interna? Uma reunião importante com clientes externos? Uma entrevista para um possível novo emprego? Uma apresentação em um grande evento? Imagine um colega, em uma reunião interna para discutir um novo projeto, vestido como se fosse ser nomeado, ainda hoje, como novo presidente da empresa. Ele não estaria elegante, pois não estaria mostrando senso de ocasião. Quando seu trabalho costuma lhe reservar dias absolutamente imprevisíveis, prepare-se para mudar quando necessário, por exemplo, levando peças que, colocadas ou retiradas, podem alterar sua figura, e permitir readequar-se a várias situações.

O quarto ponto diz respeito à chamada "adequação profissional", pois cada tipo de atividade combinará com um modo apropriado de se vestir. Imagine um médico se vestindo como um executivo de grande empresa, ou um artista plástico se vestindo como promotor público. Estranho, não? A mesma roupa que cairia muito bem no promotor ficaria estranha demais em um pintor, e até desconfiaríamos dos seus dotes artísticos. O terno sóbrio do alto executivo tornaria o médico distante do seu paciente e poderia até criar uma barreira para que ele se abrisse.

É claro que todos os itens citados acima também se aplicam aos quesitos maquiagem e cabelos. A maquiagem feminina deve seguir os mesmos princípios de não afetação, senso de ocasião e adequação profissional. O mesmo acontece com o trato dos cabelos, que não devem buscar estilos revolucionários e precisam ser regidos pelo tipo de atividade exercida. Um artista pode ser bem mais ousado com seus cabelos do que um médico. Um juiz de Direito, bem menos ousado do que um jogador de futebol.

Finalmente, aqui chegamos aos cuidados com o próprio corpo. Afinal, a elegância começa no seu aspecto corporal. Uma pele saudável, dentes bem tratados, peso adequado, unhas cuidadas, são componentes muito importantes da sua imagem. Não adianta se apresentar com roupas caras se o cuidado corporal não existe; fica parecendo aquele contraste de embalagem boa/produto ruim. Além disso, o corpo segue, do ponto de vista profissional, os mesmos princípios de não afetação. Imagine, por exemplo, um médico com lentes de contato multicoloridas e tatuado da cabeça aos pés, ou um magistrado de cabelo verde e repleto de *piercings*. Como você se sentiria, ao depender da decisão deles? Veja que não se trata de preconceito, mas sim de "imagem profissional". Falamos, aqui, dos hábitos dentro do ambiente de trabalho, e não dos momentos íntimos de cada um.

Não tenha dúvida. Pequenos tropeços na sua apresentação, mais cedo ou mais tarde, poderão interceptar sua trajetória em direção ao sucesso profissional. Especialmente, à medida que forem aumentando tanto a *exigência* quanto a *evidência*.

"Você nunca tem uma segunda chance
de causar a primeira impressão."

Danuza Leão

Etiqueta e boas maneiras

Certa vez, eu conversava com o saudoso Prof. Amorim Neto, antigo docente de Obstetrícia, e falávamos sobre um jovem e promissor estudante de Medicina. Em dado momento, em meio ao diálogo, ele se refere ao rapaz e diz: "É um ótimo garoto! Sabe entrar e sabe sair de qualquer lugar".

Confesso que, em um primeiro momento, não entendi a expressão do velho professor. Mas depois percebi que a expressão "saber entrar e saber sair" dizia respeito ao domínio da etiqueta e das boas maneiras. Afinal, quem domina este aspecto da educação, sem dúvida, poderá entrar e sair de qualquer ambiente convivendo de forma leve e agradável com as pessoas presentes e, obviamente, ser futuramente lembrado por isso. "Saber entrar e saber sair" significa, tão somente, dominar a etiqueta e as boas maneiras.

Entendemos, como etiqueta, o conjunto de regras sociais básicas, que funcionam de forma constante (por ex.: saber alimentar-se usando adequadamente os talheres; adequar-se ao tipo de traje solicitado por escrito em um convite). Boas maneiras são, basicamente, os modos que tornam a nossa convivência mais leve e agradável (por ex.: usar o "bom-dia", a saudação junto com um sorriso etc.).

Etiqueta e boas maneiras deixam a vida mais fácil, o convívio mais gostoso e o ambiente mais leve, além de tornarem o seu interlocutor muito mais propenso a escutar suas ideias.

Esteja certo: a falta de atenção ao aprendizado desses aspectos poderá, sem dúvida, se tornar um teto profissional sério.

À medida que aumenta a *exigência*, fica difícil disfarçar essa inabilidade. O trabalho aumenta, os prazos diminuem, as missões se dificultam, e o profissional mal preparado logo cai nessa armadilha. Perde o sorriso, despreocupa-se com as regras de etiqueta, não cumprimenta adequadamente os colegas, e assim por diante.

À medida que aumenta a *evidência*, falhas de etiqueta ou boas maneiras, que antes pareciam pequenas vão tomando um vulto cada vez maior. O colaborador que não usava bem os talheres e frequentemente se esquecia de sorrir e cumprimentar passará a ser um chefe mal-educado, antipático e pernóstico.

Etiqueta e boas maneiras são importantes por uma razão principal: *os processos fazem parte do resultado.*

Muito se discute sobre a importância comparada entre o processo e o resultado, durante uma missão de trabalho.

Alguns dizem que o resultado é que importa. Advogam estes que, mesmo que o processo seja desagradável, penoso, o que vale é obter o resultado planejado; que, ao se atingir o resultado esperado, tudo se esquece, e só fica a impressão de que tudo valeu a pena. Não se lembram de que um processo, quando muito desgastante, pode deixar marcas emocionais que talvez não sejam superadas por alguns membros do grupo e que poderão comprometer seriamente futuras missões.

Outros se preocupam apenas com o processo. Para eles, sendo o processo agradável, o resultado é apenas algo secundário. Todavia, sempre que um planejamento não é cumprido, e um resultado esperado não é atingido, também ficam marcas emocionais, associadas à frustração de não concretizar planos, e isso também poderá comprometer a competência da equipe em desafios posteriores.

Na verdade, processo e resultado são igualmente importantes. Conseguir alcançar um resultado proposto, através de um agradável processo, associa o prazer de conquistar ao prazer de fazer. Um grupo que trabalha com prazer e, além disso, concretiza os planos é um grupo difícil de ser batido. A partir daí, a cada nova missão, inicia-se o prazer de um novo processo, culminado na satisfação da meta atingida, cuja lembrança é novamente associada ao prazer do processo, que será novamente associado à lembrança da conquista, e assim por diante. Formou-se uma "bola de neve" emocional, no bom sentido do termo. Bons processos gerando boas sensações, gerando bons resultados, gerando boas lembranças, motivando para novos projetos, e assim por diante. É o "círculo mágico da realização". Um dia, com certeza, esse grupo perceberá que, no fundo, *processo e resultado, assim como jornada e objetivo, são uma coisa só.*

É aí que entra mais uma importância das etiquetas e boas maneiras: contribuir para transformar o processo em uma vivência agradável, positiva, para todos que conviverem conosco nesse caminho.[1]

"A vida não é nunca tão breve que não haja espaço para a cortesia."

Emerson

---

[1] Para aprofundar a reflexão sobre esse tema, leia *Respeito é bom e todo mundo gosta*: ética e etiqueta nas relações pessoais e profissionais, de Ruth Cronemberger, Liana Artissian e Adélia Maria Ribeiro. São Paulo: Paulinas, 2011. (N.E.)

Cultura geral e informação

Como disse o poeta John Donne, "nenhum homem é uma ilha". Por isso, ao inserir-se no mercado de trabalho, é necessário estar precisamente situado dentro dele e, mais ainda, compreender como ele – o próprio mercado – se situa em relação ao mundo e ao momento atual.

O educador empresarial Roberto Tranjan costuma dizer que "mercado são pessoas". Concordo inteiramente. Se assim é, não podemos esquecer-nos de que pessoas comungam uma determinada cultura e compartilham certas informações. Por isso, cultura geral e informação são imprescindíveis para que se esteja – verdadeiramente – no mercado.

Cultura geral, como diz a também educadora Christiane Peyron-Bonjan, é a "possibilidade de compreensão de experiências e saberes plurais da humanidade". Ela envolve o conhecimento de coisas, tais como informações históricas, dados geográficos, fatos políticos, tipos de culinária, bebidas diversas, artistas de sucesso, esportes, VIPs, siglas consagradas de instituições públicas ou privadas, e assim por diante. Isto é ter cultura geral.

Estar bem informado, de certa forma, é parte da cultura geral. Poderíamos dizer que a informação é a atualização da cultura. Não me refiro, aqui, às informações do contexto de sua empresa. Saber o que está acontecendo dentro da sua própria empresa é algo tão básico que até me abstenho de comentá-lo aqui. Hoje, empresas maiores já dispõem até de setores responsáveis pela chamada "gestão do conhecimento", onde profissionais especializados se encarregam de fazer com que as informações adequadas cheguem aos vários departamentos, de forma apropriada. Não me refiro a isso, neste capítulo.

Mas, então, o que é exatamente estar bem informado? Certamente, não é simplesmente acumular dados acerca de coisas corriqueiras e sem importância. É necessário ter um critério, um "filtro de dados", pois não dá para ler tudo em todos os jornais, ver tudo que surge na internet, nem assistir a tudo o que aparece na TV. Vários pesquisadores têm mostrado que isso pode exaurir o profissional, estressá-lo e até comprometer seu desempenho. Atualmente, já se percebem inúmeros profissionais que vão ao extremo oposto da desinformação: sofrem de excesso de informação. São viciados em informação! Isso também é teto profissional, pois cria pessoas que têm tanta informação que começam a se tornar desorganizadas, confusas e pouco produtivas. Devem ser privilegiadas as informações necessárias para o bom desempenho de sua profissão e sua empresa, e tão somente isso. É fundamental também ter cuidado para não acabar tornando-se aquele tipo que poderíamos chamar de "faz-nada sabe-tudo", ou seja, acumula uma quantidade enorme de informações, adora discutir quase todos os assuntos com quase todo mundo, porém não é capaz de concretizar nada ou, quando concretiza, não é capaz de operacionalizar (fazer funcionar com eficácia).

Estar informado não significa, porém, ler apenas dados técnicos. Afinal, notícias não técnicas também podem ser fundamentais na sua carreira. Por exemplo, quem vende e conserta guarda-chuvas não precisa apenas saber o custo dos materiais da fabricação, mas também tem de estar atualizado com as informações meteorológicas. Um profissional de marketing tem que saber mais do que novas tendências da profissão; ele deve saber quais os artistas em ascensão, que poderiam se tornar eventuais garotos-propaganda no futuro. Um advogado da área cível não necessita apenas conhecer as novas leis, mas também informar-se sobre o novo golpe aplicado no mercado. Um cirurgião tem de saber mais do que tratar um ferimento à bala; ele tem de conhecer a nova droga que circula por aí e que pode interferir na medicação a ser utilizada em um paciente baleado.

Por isso, como não se pode – nem se deve – saber tudo, é indispensável selecionar as informações. Mas *a capacidade de filtrar adequadamente é o que vai diferenciar os profissionais entre si*. Em outras palavras, poderíamos dizer que o melhor profissional é o que se informa sobre tudo o que vale a pena, e nem um pouquinho a mais.

Outra coisa tão (ou mais) importante quanto conhecer as informações é *saber onde encontrar rapidamente as informações desejadas*! Quando a situação de momento exige, o profissional já se preparou para buscar a informação. O fabricante de guarda-chuvas já equipou sua TV com um canal meteorológico de fácil acesso. O profissional de marketing já conhece dois sites de ranking de popularidade dos novos talentos artísticos. O advogado já tem uma via rápida que informa sobre os golpes vigentes no mercado. O cirurgião já descobriu um site sobre novas drogas e interações entre medicamentos, que pode ser acessado a qualquer hora, em qualquer emergência. Eles não têm de ficar abarrotando suas mentes com dados que não são sempre necessários, mas conhecerão os canais para obtê-los rapidamente, quando surgir alguma necessidade.

Quando se aumenta a *exigência*, a cultura geral pode ser crucial para um profissional. Aquele antigo assistente, que agora é supervisor, treinando vendedores que irão atuar em diferentes cidades do país, tem de conhecer as peculiaridades culturais de cada região, e saber que postura o vendedor *não* poderá assumir quando atuar na sua região. Já em outra região, a mesma postura poderá ser adequada, e até recomendada, e isso ele também deverá saber. Mas, ao desconhecer essas peculiaridades, põe todo o projeto a perder, denunciando um de seus tetos profissionais.

Aumentando-se a *evidência*, também se evidencia o teto da falta de informação. Caso aquele supervisor seja bem-sucedido, promovido a gerente e enviado para inaugurar a filial de vendas de uma nova região, que passa por uma comoção social importante, precisará estar informado sobre os fatos recentes, para evitar gafes e vislumbrar oportunidades. Afinal, como alguém já disse, nas crises também surgem oportunidades. Contudo, diante da crise, e das oportunidades que vêm a reboque, a pouca informação poderá expor um teto profissional e colocar tudo a perder.

"Um gênio é uma pessoa de talento
que faz toda a lição de casa."

Thomas A. Edison

Comunicação e contatos

Um dia, alguém me disse: "Trabalhar é viver". Fiquei revoltado! Prontamente, me insurgi contra essa afirmação. Afinal, pensei, a vida é muito mais que trabalho. Vida é convivência, prazer, troca, realização, enfim, um monte de coisas que nunca se poderia resumir simplesmente em trabalho.

Com o tempo, fui entendendo o quanto havia de verdade naquela frase. A depender do tamanho da nossa jornada de trabalho, às vezes, passamos trabalhando até a maior parte do nosso tempo; em toda a vida! Ou seja, o trabalho é uma das maiores – senão a maior – porção temporal de nossa vida. Por isso, no trabalho temos de aprender a conviver, a tirar prazer do que fazemos, a trocar e a buscar realização. Veja só! Voltamos ao nosso ponto de partida. Trabalhar – realmente – é viver.

Nos filmes, assim como nos livros, geralmente se fala muito pouco sobre o trabalho. Quando assistimos a um filme, ou novela, até parece que as pessoas passam quase todo o tempo em atividades de lazer ou convivendo com a família. Elas aparecem conversando, jantando juntas, passeando, namorando, discutindo em família, e assim por diante. Nós bem sabemos que a vida não é assim. Uma série de TV que bem exemplificava isso era a "ER – Plantão Médico", transmitida pela Warner Channel até 2009. Nesse seriado, os personagens apareciam trabalhando, enfrentando desafios, convivendo, tirando prazer de "pequenos" acontecimentos, trocando emoções e ideias. Por algum tempo a série chegou a mostrar as convivências familiares, caseiras, de alguns personagens, dividindo seu tempo com a profissão. O tipo de vida que era exibido no seriado – esta sim – é a vida real; com a única diferença de que, na vida real, os médicos geralmente não sabem tanto sobre tantas coisas.

Diante disso, é absolutamente equivocada a ideia de que, para trabalhar, basta obedecermos ao horário do expediente, cumprir as funções recebidas, procurar fazer tudo bem direitinho e irmos para casa sem precisar nos comunicar com ninguém. A comunicação é essencial, pois não há vida sem comunicação. Inclusive, uma das definições médicas do estado de coma é "a perda da vida de relação", pois todas as pessoas vivas e conscientes se relacionam continuamente. E mais, se relacionam por todo o tempo, mesmo se não estiverem juntas em um dado momento.

Quando estamos trabalhando em um projeto, por exemplo, trabalhamos em algo que vai ser lido por pessoas, julgado por pessoas, utilizado por pessoas. Por isso, temos de desenvolvê-lo pensando nessas pessoas. Temos de saber como elas são, o que pensam, o que sentem. Devemos pensar nelas, falar com elas, ouvi-las e, consequentemente, manter contato com elas.

Além disso, se um dia resolvermos – ou necessitarmos – de um novo emprego, nós vamos encontrá-lo, geralmente, junto a essas mesmas pessoas. Esses indivíduos não *estão* no mercado. Eles *são* o mercado.

Como disse o famoso autor Roberto Tranjan, "mercado são pessoas; negócios são relacionamentos".

No entanto, estar em contato pressupõe duas coisas: dispor de meios de comunicação e dispor de uma agenda de contatos.

Meios de comunicação são absolutamente necessários para um bom profissional. Já que "nenhum homem é uma ilha", como escreveu o poeta John Donne, é preciso que exista uma forma de entrar em contato com você. Essa forma de contato necessita ser pública e eficiente. Pública, de maneira que todos saibam que ela exista. Eficiente, respondendo com presteza e simpatia. Você pode ser muito ocupado, e não poder disponibilizar um telefone, ou uma visita, para todos que quiserem falar-lhe; mas pode, por exemplo, dispor de um e-mail facilmente encontrável por quem deseje contatá-lo, e *sempre* respondido, mesmo que com uma mensagem inicial provisória, se possível em um máximo de 24 horas. No mundo contemporâneo, há várias formas aceitáveis de comunicação, exceto uma: a não comunicação.

Igualmente importante é uma agenda de contatos. Se existe alguma pessoa importante na sua atividade profissional, não pode haver diferença entre ter de falar com ela e saber como falar com ela. Uma coisa tem que suceder imediatamente a outra. Quanto mais crucial for essa pessoa para seu negócio, mais verdadeira será esta premissa. E mais, uma agenda de contatos tem dois tipos de manutenção: atualização e lembrança. Isso quer dizer que ela deve ser revista de tempos em tempos, para que se confirme a atualização dos contatos. Além disso, ela tem de ser "exercitada" de vez em quando, para que as pessoas não se esqueçam de você. No mercado de trabalho, ser lembrado é tão importante quanto existir; quase um sinônimo.

Comunicação e contatos podem, sim, construir tetos profissionais poderosos, e por isso devem ser valorizados.

À medida que aumenta a *exigência*, aquele bom vendedor, em uma empresa em pleno crescimento, pode não mais conseguir aumentar suas metas, porque não é capaz de contatar os eventuais clientes com a rapidez que o atual volume de vendas exige.

À medida que aumenta a *evidência*, aquele bom vendedor pode ser um fraco gerente, que não dispõe de formas eficientes para se comunicar rapidamente com sua equipe direta e indireta.

"Nenhum homem é uma ilha,
isolado em si mesmo; [...]
a morte de qualquer homem me diminui,
porque sou parte do gênero humano.
Por isso não perguntes
por quem os sinos dobram;
eles dobram por ti."

John Donne, Meditações XVII.
A passagem inspirou os títulos dos livros
Por quem os sinos dobram, *de Ernest Hemingway,*
e Homem algum é uma ilha, *de Thomas Merton.*

Administração do tempo

Como disse Christian Barbosa, a ideia da "falta de tempo" parece estar enraizada em nossas vidas, como se fosse o destino inexorável de cada um ao progredir profissionalmente; como se o nosso "limiar de incompetência" fosse também delimitado pelo número de horas disponíveis durante o dia. No entanto, como o mesmo autor também afirma, essa é uma visão errônea.

Também do ponto de vista profissional, o nosso tempo é um patrimônio. O passado nos traz as lembranças e as experiências que nos forjaram através da vida. O futuro oferece o espaço para o éter dos nossos sonhos e para as pranchetas dos nossos projetos. O presente, como o próprio nome diz... é um presente! Ele, sim, estará sempre aqui e agora, disponível para a realidade; aliás, ele é a maior realidade de nossas vidas.

Apenas o presente é completamente real. O passado não existe mais; é apenas uma lembrança, às vezes até adulterada pelos descaminhos da memória, ou pelos filtros dos nossos paradigmas. O futuro é apenas uma possibilidade. Diferentemente, o presente existe, aqui, agora; e esta é uma das maiores realidades. A vida não é mais do que uma sucessão de momentos presentes.

No entanto, toda essa bela argumentação de nada serve, se o presente for a nossa "prisão da falta de tempo", trazida do passado e arrastada para o futuro. Viver o presente é primordial, mas para fazê-lo, antes, precisamos saber administrar nosso tempo.

O primeiro passo, sem dúvida, está no estabelecimento das prioridades. Para isso, Stephen Covey[2] propõe uma classificação baseada na chamada "matriz do tempo", quando divide as atividades de acordo com sua urgência e sua importância. Assim, teríamos atividades urgentes e importantes, não urgentes e importantes, urgentes e não importantes e não urgentes e não importantes. Essa classificação nos permitiria saber que tarefas priorizar e como distribuir percentualmente nosso tempo disponível entre elas.

Christian Barbosa,[3] considerado um dos maiores especialistas no tema "Administração do tempo e produtividade", divide as atividades em urgentes, importantes e circunstanciais. Urgentes são tarefas que devem ser feitas hoje mesmo (ex.: pagar a conta que vence hoje). Importantes são aquelas que nos alimentam, seja *lato sensu* ou

---

[2] Autor do best-seller administrativo *Os sete hábitos das pessoas altamente eficazes*. 16. ed. rev. e atual. São Paulo: Best Seller, 2003.

[3] Autor do livro *Tríade do tempo*. Rio de Janeiro: Sextante, 2011.

stricto sensu (ex.: aquele curso que você quer – e precisa muito – fazer). Circunstanciais são atividades que fazemos por fazer (ex.: navegar sem destino pela internet). Nesta teoria, estaríamos com o tempo mal dividido quando, por exemplo, nossas atividades circunstanciais tomam a maior parte do nosso dia; ou quando as urgências demandam quase todo nosso tempo.

De maneira geral, *o primeiro passo para administrar o nosso tempo chama-se planejamento*. Na verdade, a primeira parte em todo projeto consiste em calcular e dividir o tempo necessário e disponível. Depois, em cumprir o cronograma estabelecido. Em última instância, *administrar o tempo é fazer escolhas*, pois sempre teremos mais coisas que poderíamos fazer do que horas disponíveis para fazê-las todas. Ter um juízo crítico para escolher que coisas fazer, e quais fazer primeiro, é ter um critério para administrar o tempo; e quem não estabelecer esses critérios, acabará sendo vítima de um teto profissional.

Uma das principais consequências da má administração do tempo é a dificuldade em concluir projetos e tarefas no tempo planejado. Geralmente, quem não sabe administrar o tempo também acaba "jogando tudo para mais adiante", ou seja, tornando-se um procrastinador. O escritor Mark Goulston, quando fala sobre as maiores sabotagens que fazemos conosco no trabalho, aponta a procrastinação como um dos pecados capitais dos autossabotadores.[4] Concluir projetos, concretizar ideias, cumprir prazos e operacionalizar conceitos, às vezes, parece um pouco chato e opressor, mas é algo fundamental para o sucesso no trabalho. Prazos podem ser discutidos no início do projeto; não há nada de mal nisso. Mas, uma vez negociados, os prazos devem ser cumpridos, pois isso passa uma imagem própria de comprometimento e confiabilidade.

No começo da carreira, tudo é fácil em relação ao tempo. Na verdade, brincamos com o tempo, desafiando prazos, abrindo mão do nosso sono, não tendo tantas responsabilidades sociofamiliares. Com isso, sempre teremos tempo para tudo e, quando não for suficiente, inventaremos uma boa desculpa para o nosso atraso ou para o nosso "furo".

Todavia, ao progredir da carreira, essas facilidades diminuem. O cumprimento dos prazos vira coisa mais séria, o sono reclama sua falta, as obrigações sociofamiliares são crescentes.

Quando aumenta a *exigência*, nosso tempo parece não ser mais suficiente. É aí que, por exemplo, o alegre, simpático e despreocupado estagiário se torna um angustiado assistente, sempre incapaz de cumprir metas dentro dos prazos estabelecidos.

---

[4]   GOULSTON, Mark. *Pare de se sabotar no trabalho*. Rio de Janeiro: Best Seller, 2008.

Ante a maior *evidência*, não sabemos de onde tirar mais tempo. É o caso do assistente que sempre tinha uma desculpa na ponta da língua para explicar seus atrasos, e agora é promovido para gerente, com todo um setor dependendo dele, e não convence a Diretoria de que seus "furos" são perdoáveis.

Em ambos os exemplos, não se investiu na administração do tempo. Dessa maneira, como em todos os casos de teto profissional, percebe-se subitamente a necessidade deste predicado, mas dificilmente conseguiremos conquistá-lo, pelo menos a tempo de não nos desgastarmos gravemente.

"Muitas vezes não temos tempo para dedicar aos amigos, mas para os inimigos temos todo o tempo do mundo."

Leon Uris

Capacidade de trabalhar em grupo

Desenvolvendo, entre minhas atribuições, algumas atividades de pesquisa, costumo me interessar por certos textos que tratam da produção do conhecimento. Por conta disso, logo no início de minha carreira, caiu em minhas mãos um livro que se tornou inesquecível: *Conselho a um jovem cientista*, de Peter Medawar, um ganhador do Nobel de Medicina.[5] Nesse livro, em um dado momento, o autor lembrava que, nos tempos atuais, o progresso da Ciência depende de intercâmbio, de cooperação, de contato interpessoal. Já se foi o tempo do cientista que víamos nos filmes antigos, aquele indivíduo solitário, trancafiado em seu laboratório, em companhia apenas de intermináveis tubos de vidro. Para viver no meio científico, hoje, é preciso também saber conviver.

Inacreditavelmente, levei alguns anos para perceber que tal princípio, obviamente, não se restringe ao meio científico. Ele é válido para quase todas as áreas de atuação

---

[5] Publicado pela Editora da Universidade de Brasília, 1982.

profissional. Hoje em dia, para prosseguir rumo ao sucesso é imprescindível saber trabalhar em equipe, saber escolher a equipe com a qual trabalhar e, até mesmo, desenvolver o prazer de trabalhar em equipe.

Sem nenhum esforço de memória, todos nós conseguimos facilmente nos lembrar de algum colega, ou ex-colega, muito competente, que teve sua trajetória interrompida porque não conseguiu trabalhar em grupo.

Quando falo em trabalhar em grupo, não quero dizer, necessariamente, que todos os membros do grupo tenham de fazer todas as coisas sempre juntos. Afinal, é complicado, por exemplo, escrever uma dissertação científica com 10 ou 20 pessoas opinando todas ao mesmo tempo. O pesquisador necessita se isolar, considerar, refutar, descobrir, rejeitar, enfim, desenvolver toda a atividade cognitiva que condiz com uma dissertação de bom nível. Por outro lado, é desejável que, antes de escrever, se ouçam algumas opiniões, se consultem indivíduos mais experientes. Durante o processo de escrita, que se discuta o avanço do texto com os bons colegas. Terminada a primeira forma, que se peça a alguns companheiros que a leiam e opinem com sinceridade. Em poucas palavras, diríamos que, *trabalhar em grupo, exige que se permita a troca* durante o processo.

Os processos grupais, ao permitirem a troca (especialmente quando associada com prazer), mesmo que sejam um pouco mais lentos em sua execução, promovem um espírito de equipe que pode fazer a diferença em futuros projetos. Afinal, um time inteiro, motivado, pronto para se mobilizar em torno de uma nova proposta, é uma das armas mais eficazes no mundo profissional de hoje.

Creio que, para trabalhar em grupo, seria fundamental entender os seis princípios abaixo.

1. No trabalho de grupo, *as vantagens prevalecem, porém também existem desvantagens*. Ao ser ajudado, seu tempo parecerá render mais; ao ter que ajudar, seu tempo parecerá render menos. Quando fizer um bom trabalho, verá outros membros da equipe felizes; alguns, porém, podem ficar enciumados. Ao lutar, terá com quem dividir a dificuldade; mas ao vencer, terá que dividir a vitória com outros. Às vezes, por um curto período de tempo, especialmente no início da carreira, seu progresso parece facilitado por estar sozinho. Todavia, não se deixe enganar por essa falsa impressão. Mais tarde, tudo poderá se estagnar, por falta de uma equipe junto com você.

2. Em um grupo, inevitavelmente, *existem opiniões diferentes*. Por isso, ao formar sua opinião, terá frequentemente que escutar a opinião dos outros, mesmo que não concorde com elas. Se você não suporta ouvir as opiniões alheias, como quer trabalhar em um grupo, onde todas

as outras opiniões serão alheias à sua? Aliás, ouvir outras opiniões pode ajudar em um projeto. Por vezes, seu colega, em meio a um discurso que parecia vazio e interminável, num dado momento, aponta uma dificuldade operacional que lhe era despercebida, ou encontra uma expressão que se encaixa perfeitamente na sua proposta de venda. Ao ler um livro você pode achar tudo meio repetitivo, mas, no meio dos capítulos, descobrir alguns tópicos inteiramente novos; igualmente, a opinião do seu companheiro de grupo, embora às vezes possa parecer enfadonha e mal articulada, talvez lhe renda alguns pequenos detalhes que podem fazer a diferença no produto final. Além disso, só o fato de ouvir o outro tem uma função terapêutica, pois em uma equipe todos tem que estar motivados e se sentirem participativos. Se alguém lhe parece insuportável sempre que emite opiniões, olhe para os lados: quando houver vários outros que parecem ter a mesma sensação, talvez você esteja certo, e aquela pessoa mais atrapalha do que ajuda; ao contrário, se todos parecem estar ouvindo com prazer, talvez a dificuldade seja sua.

3. As abordagens não podem ser padronizadas. Em um grupo, convivem pessoas completamente diferentes, com maneiras de pensar, de sentir, de ser e de compreender o mundo inteiramente diversas. Assim sendo, ao tratar com cada uma delas, é fundamental *individualizar*

a abordagem. Alguns não suportam uma conversa muito formal; outros detestam a conversa casual e preferem um "papo sério". Alguns não gostam de falar sobre peculiaridades mais íntimas; outros se sentem prestigiados quando lhe perguntam sobre sua vida pessoal. Alguns necessitam ser elogiados para poder manter o estímulo; outros ficam desconfiados diante de muito elogio. Adotar uma maneira única, simplista e ensaiada para lidar com todos os colegas pode dificultar seu trabalho em equipe.

4. Em um grupo, por vezes, *a empatia é fundamental*. Empatia significa, em palavras simples, a capacidade de se colocar no lugar do outro. E se colocar no lugar do outro significa quase que "ser o outro", por alguns segundos, para entender melhor suas reações e seus sentimentos. Mas, para "sentir como o outro", durante alguma situação de trabalho, não basta imaginar aquela situação acontecendo com você. É preciso se imaginar "sendo" a pessoa em *todos os aspectos*: culturais, sociais, etários etc. É preciso que você se pergunte: "Se eu fosse como essa pessoa, do mesmo sexo, da mesma origem cultural, do mesmo nível social, da mesma faixa etária, do mesmo nível hierárquico, e estivesse vivendo essa mesma experiência que ela agora vive, o que eu estaria sentindo e/ou pensando?". Aí sim, você terá uma ideia um pouco mais adequada de como abordá-la para que ela ouça sua opinião e entenda seu ponto de vista. É óbvio que *enten-*

der não significa *concordar*. Não é necessário que você se torne "a outra pessoa", nem que passe a pensar como ela, mas sim que, por alguns segundos, tente ver o mundo com os olhos dela. Exercite essa atitude e provavelmente se surpreenderá com suas descobertas.

5. Deve-se pensar no bem do grupo, como um todo, e não apenas em você. O grupo foi criado para servir a todos, ou seja, para levar a um estado de sinergismo do qual todos se beneficiam e, a partir do qual, todos atingem patamares maiores do que atingiriam sozinhos. Não pense que Deus criou o grupo para que só você se beneficiasse. Por isso, lembrando o primeiro princípio (alguns parágrafos atrás), para usufruir as vantagens de estar em uma equipe, é essencial aceitar as desvantagens. Em qualquer posição que estejamos não podemos usufruir o *bônus* e querer descartar o *ônus* de estar naquela situação. Imagine um jogador de futebol que quer ser campeão e artilheiro do torneio em disputa, mas que pensa apenas em si. Não olha para as necessidades do grupo, não participa da marcação quando os adversários têm a bola, não ajuda a um colega que já começa a ficar cansado no final do jogo, não anima o outro colega que acaba de perder um gol, e assim por diante. Ora, à medida que esse time progride no campeonato, se aproximando dos jogos finais, começa a aumentar a *exigência* e a

evidência, e aí os pequenos detalhes começam a fazer a diferença. Um time mais entrosado, mais harmônico, mais motivado, com reforço mútuo entre seus jogadores, certamente terá uma chance maior de chegar ao título. Nesse momento, o jogador que pretendia ser artilheiro atinge um teto profissional, pois, ao não saber trabalhar em grupo, pensando na equipe, acabou limitando a capacidade de todo o seu time.

6. Finalmente: *é preciso estar entre os bons!* Ao escolher um grupo, escolha um composto de bons profissionais capacitados e de condição – técnica e emocional – próxima à sua, ou melhor. Não adianta optar por uma equipe que você considere menos capacitada, porque assim será mais fácil fazer prevalecer sua opinião e sua competência. Cuidado com isso, pois essa mesma equipe, mais adiante, será um teto profissional para você. Além disso, a convivência será tumultuada, e você talvez nunca adquira uma atitude de grupo verdadeira, pois a chance de troca fica reduzida a um mínimo, e nem sempre será compensatória. É preferível ser bom entre os bons, do que ser o melhor entre os ruins.

Desenvolver a capacidade de trabalhar em grupo, sem dúvida, é evitar um futuro teto profissional. Ademais, pode ser uma atividade da qual se tira grande prazer. Quando se começa a vibrar com cada conquista do grupo, se começa a vibrar também com as pequenas conquistas de cada membro dele; e a vida passa a ser muito mais estimulante e reforçadora de emoções positivas.

À medida que aumenta a *exigência*, com missões cada vez mais diferenciadas, a necessidade de estar dentro de uma equipe competitiva (ou de passar a integrar uma) será cada vez maior, e você precisará ter aprendido a trabalhar em grupo antes desse momento, para não perder as superoportunidades.

À medida que aumenta a *evidência*, e você é promovido a cargos de maior destaque, outra função começará a aparecer: a liderança. Nesse momento descobrirá que nunca se encontrará um bom líder naquele que nunca soube se relacionar dentro de uma equipe.

"O encontro de duas personalidades
assemelha-se ao contato de duas substâncias
químicas: se alguma reação ocorre,
ambos sofrem uma transformação."

Carl Gustav Jung

Percepção da hierarquia

Quando falamos no trabalho de grupo, sabemos que, de modo geral, em todo grupo existe uma hierarquia; e em toda hierarquia existe um líder. Por isso, todo grupo terá, necessariamente, um líder; e você terá que saber conviver com ele. Esse exercício exigirá, por um lado, capacidades inerentes ao próprio líder (veja o capítulo sobre "Liderança" deste livro). Por outro lado, também irá exigir de você.

Antes de tudo, deve-se entender que a figura do líder é algo natural e necessário. E ter cuidado para não alimentar aquilo que chamo de "reação antilíder", que é aquela certa antipatia com que alguém é "premiado" só porque é o líder da equipe. Essa posição (infelizmente comum entre liderados) é tão distorcida quanto seria, por parte do líder, ver os demais membros do grupo como inferiores.

Liderança, como veremos mais adiante, é apenas "conduzir pelo convencimento", "motivar pelo contágio", e não "intimidar pela superioridade". Por isso, não há motivo para adotar uma postura de luta, de defesa, de "pé atrás", diante do líder.

Aquele que exerce a liderança é, antes de tudo, uma pessoa. Ele tem sentimentos, além de opiniões, e precisa administrar suas emoções assim como os outros. Tanto quanto você, ele necessita do seu apoio, da sua empatia e das suas palavras de encorajamento.

No capítulo anterior, dissemos que estar em grupo exige que se permita a troca. Mas, se você não for, neste momento, o líder do grupo, deve lembrar-se de que a troca não acontece apenas entre você e os outros membros da equipe. Existe troca, e muita troca, entre você e o líder, pois ele, antes de ser líder, também é um membro do grupo.

Contudo, ao falarmos sobre hierarquia, falamos nos cargos que estão acima do nosso, mas não podemos esquecer os cargos que estão hierarquicamente abaixo do nosso. Adaptar-se à hierarquia é entender isso, e conseguir perceber que os vários tipos de cargos preenchem uma carência humana de organização e sempre existirão, sejam declarados, sejam de forma implícita.

Estar ajustado à hierarquia também inclui saber lidar com aqueles que temos hierarquicamente abaixo. Saber ouvir, tolerar diferenças, exercitar a empatia e, principalmente, exercer a liderança, mesmo que em oportunidades fortuitas.

À medida que aumenta a *exigência*, é preciso estar adaptado à hierarquia. Aquele funcionário que exerce sua função relativamente bem, mas que é conhecido por ser "um pouco difícil de liderar", em uma situação de alta demanda, pode se tornar "o chato de plantão", que desacelera o trabalho de toda a equipe e torna o ambiente pesado e menos produtivo.

À medida que aumenta a *evidência*, é preciso uma adequada percepção da hierarquia. Um vendedor, quando promovido a gerente, vai estar em contínua observação de todos, quando for lidar com o trato hierárquico, a cada instante. Essa observação pode ser um grande impulso em direção a um cargo de Diretoria, ou pode ser um grande empecilho para futuras progressões.

"Democracia é quando eu mando em você, ditadura é quando você manda em mim."

Millôr Fernandes

Organização financeira

Quando pequeno, certa vez ouvi meu pai recitando um ditado: "Casa onde falta pão, todo mundo grita e ninguém tem razão".

Imagino que, com isso, ele pretendia me ensinar que problemas financeiros podem se estender além dos cofres bancários e atingir toda a vida pessoal.

Com o tempo, vi que ele estava certo e percebi que um profissional, por melhor preparo técnico que tenha, pode ser prejudicado pela má administração de suas finanças.

Existem três formas através das quais a desordem financeira pode prejudicar sua vida profissional. A primeira delas consiste no autêntico "roubo de energia" que as contas no vermelho são capazes de fazer. A americana Cherryl Richardson, uma *personal coach* (que poderíamos traduzir mais como "organizadora de vidas" do que como "treinadora pessoal"), ao receber um novo cliente, logo estabelece um questionário que pretende desvendar quais as principais causas pelas quais aquela pessoa sente que vem "perdendo energia". Ela descobriu que, entre todos os seus clientes, nas mais diversas faixas salariais, o principal "ladrão de energia" é a vida financeira irregular, motivando uma constante ansiedade em relação a esse tema. Por isso, todos eles acabam recebendo, como uma das primeiras lições de casa, a reorganização da sua vida financeira, pois é claro que, restabelecendo o equilíbrio de suas finanças, e tirando esse "peso" dos ombros, a vida fica um pouco mais leve, a cabeça funciona melhor e até o desempenho profissional pode se elevar.

Um segundo aspecto é a falta de liberdade que os arrochos financeiros podem determinar. Como diz o psiquiatra e escritor Roberto Shinyashiki, "não deixe as dívidas decidirem sua carreira". Eu iria ainda mais longe, e diria que "quem tem muitas dívidas não tem carreira". Isso é bem verdade. Quando se está no vermelho, nem sempre se escolhem os caminhos profissionais mais promissores, mais adequados e com maior afinidade com sua pessoa. Acaba se optando pela via que, naquele momento, ofereça mais dinheiro, mesmo que um pouquinho mais, só porque você estará sempre precisando "tapar buracos", correndo atrás do prejuízo. Lembro-me bem da frase que Lorde Cigano, o personagem de José Wilker no filme *Bye Bye Brasil*, dizia sobre sua própria trupe, empobrecida: "Nós somos que nem roda de bicicleta; se parar, cai". E é assim que o bom profissional – porém, com a conta sempre no vermelho – vai vivendo, "que nem roda de bicicleta". Mas isso não é carreira nem sucesso profissional.

Como terceira faceta, fica o risco do chamado "nome sujo na praça". Imagine-se concorrendo a um disputado cargo, e se saindo muito bem no processo seletivo, até então. Mas aí o diretor da empresa contratante resolve investigar a situação do seu nome na praça e descobre que as coisas não vão nada bem para o seu lado. Isso raramente iria referendar a sua escolha.

Todas as pessoas que vivem em dificuldades financeiras me dizem que precisariam ganhar mais dinheiro; e todos os estudiosos de finanças pessoais me dizem que isso é uma grande ilusão. Ao que parece, o problema está muito mais na forma de administrar as finanças do que no ganho, pois essa é uma dificuldade que se repete em todas, repito, *todas* as faixas salariais. Sair do buraco financeiro, deixar de ser "roda de bicicleta", é questão de saber administrar o que se ganha, seja lá quanto for. Como bem diz o escritor e consultor financeiro Gustavo Cerbasi: "Problemas financeiros são opções pessoais".[6]

Veja, portanto, que a organização financeira é um teto profissional. Mais ainda, posso lhe afirmar que é um teto profissional mais frequente do que se pensa, porque acredito que estão ligadas às dificuldades financeiras algumas reações atribuíveis à má educação (ex.: deixar de ser simpático com os colegas), à falta de noção de hierarquia

---

[6] CERBASI, Gustavo. *Casais inteligentes enriquecem juntos*. São Paulo: Gente, 2004.

(ex.: perder facilmente a paciência com o chefe) ou até mesmo à falta de competência (não conseguir mais achar soluções para problemas relativamente comuns).

À medida que aumenta a *exigência*, essas reações podem ser cada vez mais comuns e acabarem por causar um desgaste profissional irreversível.

À medida que aumenta a *evidência*, uma falta de organização financeira passa a ser conhecida por todos. Um diretor sempre no vermelho pode ser assunto de comentário desde seus pares, passando pelos mensageiros que tentam pagar suas contas em atraso, até as secretárias que controlam correspondências indesejadas. Não tenha dúvida de que o fracasso em qualquer terreno de sua vida (financeira, afetiva, social) acaba produzindo uma manchinha de fracasso para sua imagem profissional em geral... E isso um dia poderá cobrar seu preço, atuando como teto profissional.

"Oh! Se os ricos fossem tão ricos
como os pobres imaginam!"

Emerson

Saúde física

Diz o antigo ditado em latim: "*Mens sana in corpore sano*". Contudo, será que sabemos interpretar adequadamente essa famosa citação?

Para alguns, ela se refere à importância da saúde mental, ou seja, mantendo-se uma mente bem cuidada se terá também um corpo saudável.

Para outros, ela realçaria a importância da saúde física, propondo que, apenas através de um corpo saudável, se poderia também alinhavar uma mente sadia.

Essa dicotomia reflete, exatamente, uma das grandes ambiguidades de nossos tempos: a ideia de que se deve escolher entre saúde física ou saúde mental. Assim, alguns dão absoluta prioridade ao corpo, dispensando todos os prazeres intelectuais, enquanto outros mergulham nas atividades energizadoras da mente, esquecendo-se da saúde corporal.

Em minha opinião, o velho dito pretendia, na verdade, comungar esses dois aspectos, aproximando-os até o ponto de não serem mais distinguíveis entre si.

Todavia, quando se fala em tetos profissionais, os primeiros aspectos que nos vêm à memória são aqueles relacionados à mente, e não ao corpo.

O corpo, porém, é tão importante quanto todo o resto. Através dele nos conduziremos pelo mundo, com ele nos comunicaremos profissionalmente, por meio dele formaremos nossas percepções visuais, auditivas, sinestésicas, e por ele seremos parados quando, nos excessos, formos responsáveis por suas doenças. Nenhum corpo é imune aos abusos forjados pela mente. Nenhuma mente é incólume aos maus-tratos sofridos pelo corpo.

Cuidar bem do corpo começa pelos cuidados com seu próprio aspecto. Como já dissemos neste livro (no título "Apresentação pessoal", a elegância começa no seu aspecto corporal. Além do mais, a preservação da saúde torna-lhe um profissional mais apresentável, com vivacidade, e que passa maior confiança do que quer e do que seria capaz. Estar elegante é estar, antes de tudo, saudável. Ser um agradável contato é ser, primeiramente, saudável.

Isso tudo se exacerba ainda mais quando sua saúde pessoal é conflitante com sua mensagem de serviço. Imagine-se buscando os serviços de um endocrinologista obeso, ou de um segurança de feitio anoréxico, ou de um recepcionista rouco, ou de um pneumologista fumante. São mensagens conflitantes!

79

O corpo malcuidado pode também resultar na queda da produtividade, pois problemas de saúde geram frequentes afastamentos do serviço, e isso pode acontecer, quem sabe, justo no dia daquela reunião tão esperada... Outra possibilidade é gerar o chamado "presenteísmo", uma situação definida como "estar presente no ambiente de trabalho, porém mental e emocionalmente ausente...".[7] O presenteísmo é o "estar, mas não necessariamente produzir".

Todos nós podemos nos lembrar de haver encontrado, em nossa vida profissional, alguém muito bacana, bom funcionário, mas que estava doente com frequência. E vimos como essa pessoa estagnou na carreira, tornando-se alguém que não merecia confiança e que não passava aos colegas uma ideia de concretização. Era somente o "coitadinho", apenas o "doentinho", a quem todos afagavam, mas para quem ninguém aceitaria perder a vaga na próxima promoção.

À medida que aumenta a *exigência*, a saúde física pode ser crucial. Aquele simpático jovem, que ficava restrito a uma salinha, apenas conferindo papéis, pode não suportar uma promoção, na qual precisa se deslocar durante todo o dia, participar de diversas reuniões e resolver

---

[7] ROSSI, Ana. Anais VI Congresso ISMA Brasil, Porto Alegre, 2006.

problemas surgidos em vários setores. Começa a adoecer repetidamente e vê seu desempenho comprometido.

À medida que aumenta a *evidência*, exige-se uma saúde cada vez melhor. O novo gerente antes era um bom corretor, mas que faltava com alguma frequência por conta de repetidos resfriados, infecções intestinais, enxaquecas e similares. Agora, como gerente, suas faltas serão logo percebidas e certamente comprometerão sua avaliação de desempenho por seus superiores.

> "A felicidade e a saúde são incompatíveis
> com a ociosidade."
>
> *Aristóteles*

PARTE II

Tetos subjetivos

Imagem pessoal

À primeira vista, este título parece ter relação apenas com o fato de se vestir bem. No entanto, investir na sua imagem como pessoa vai muito além.

Não estamos falando, aqui, apenas daquela imagem física que se apresenta a quem nos encontra. Nada disso. Estamos falando da imagem subjetiva, da impressão geral que todos – ou quase todos – têm de nós.

Sempre que pensamos em alguma pessoa, é difícil não associar a um julgamento. Ao nos lembrarmos de alguém, lembramos também se aquela pessoa é boa ou má; é competente ou inepta; é honesta ou de caráter fraco; é inteligente ou nem tanto, e assim por diante. Veja que cada pessoa (todas elas, sem exceção) carrega junto à nossa mente uma imagem pré-formada. Fulano pode ser feio, medíocre, porém honesto. Beltrano pode ser bonito, inteligente, mas nem tão honesto assim. Cicrano pode ser bom, bonito, porém incompetente, e assim vai... A lembrança da pessoa nos vem, e imediatamente a imagem que já temos dela também volta à memória. Pessoa e imagem seriam como gêmeos siameses: parecem indissociáveis.

85

Não é de estranhar, portanto, que esse aspecto se estenda ao setor profissional de nossas vidas.

À medida que vamos atuando profissionalmente, nossos convivas (colegas, prestadores de serviços, receptores de serviços etc.) vão, pouco a pouco, formando sua imagem a nosso respeito. Depois de alguns anos, basta perguntarem sobre nossa pessoa a alguns deles e... vapt, vupt! Eles "despejam" imediatamente a imagem que formaram de nós durante os meses, ou anos, de convivência. É quase inevitável. É próprio da mente humana.

Por fim, quando vamos enfrentar um momento crucial em nossa profissão, especialmente quando seremos julgados e/ou avaliados por outras pessoas, vemos a importância da imagem que construímos como indivíduo.

Imagine uma reunião de diretoria, na qual se conversa sobre o preenchimento da nova vaga de chefia surgida na empresa. Debaterão, os interlocutores, sobre cada um dos possíveis candidatos, e nessa hora aparecerão os aspectos positivos – mas também os negativos – da imagem pessoal. Visualize o candidato "A" como o mais competente, mas muito mal-humorado e às vezes até mal-educado. O candidato "B", como o mais rápido, porém nem sempre simpático. O candidato "C" seria um pouco menos competente do que o "A" e um pouco mais lento do que o "B"; todavia, trata-se de alguém conhecido como muito simpático e com excelente trato interpessoal.

Veja que, no caso acima, o candidato "C" pode ficar com a vaga, não sendo necessariamente o mais competente, nem o mais rápido, mas porque a diretoria acredita que ele poderia ser um chefe aglutinador e otimista.

O mais interessante, nesta historinha, é que o funcionário A, no fundo, é um indivíduo bem rápido em suas funções. Ele apenas demora um pouco mais porque registra tudo de forma impecável, para eventuais utilizações futuras do mesmo processo. O indivíduo "B", igualmente, quando conhecido mais de perto, revela-se um ótimo ser humano, com espírito comunitário e bom coração.

O que aconteceu, então, com os candidatos "A" e "B"? Por que não tiveram suas qualidades reconhecidas? É fácil. Não foram reconhecidos porque nunca se preocuparam em "atrelar" essas qualidades às suas imagens profissionais. Eles *tinham* as qualidades, mas elas *não constavam da sua imagem como pessoa*.

Nem tenho de falar aqui de hábitos pessoais indesejados. Alguém tido como "o bêbado", "o devasso" ou "o desvairado" dificilmente alcançará uma imagem pessoal competitiva. Sempre se diz que vida profissional é uma coisa e vida pessoal, outra. É verdade. Mas isso se limita aos hábitos pessoais e familiares que ficam no terreno de sua íntima preferência. Existem, porém, alguns desajustes comportamentais tão graves, tão intensos, que não importa em que terreno de nossa vida estejam: eles atingirão todos os outros. São exemplos disso os já citados. Com esses, temos que ter mais do que cuidado. Temos que, simplesmente, resolvê-los o mais rápido possível, mesmo se for preciso buscar ajuda profissional. Nesses casos, o custo de uma terapia ou de um tratamento médico deve ser visto também como investimento profissional.

É igualmente importante lembrar que nossa imagem como pessoa se forma no dia a dia, não apenas através das qualidades que adquirimos, ou defeitos que não corrigimos, mas também por meio das funções que recebemos, cumprimos e aproveitamos para demonstrar nossas habilidades e princípios. É importante, para um profissional, se colocar claramente nas discussões, falar sobre suas preocupações em ser cada vez melhor, realçar seus princípios éticos e morais, e assim por diante. Isso é o que irá, pouco a pouco, construindo sua imagem.

São também momentos cruciais, para a formação de nossa imagem, os momentos das escolhas importantes. Aceitar, ou não, um cargo, que foi vago por intermédio de uma ação espúria de alguém. Alcançar, ou não, uma promoção, por meio de uma manobra que prejudicará companheiros leais. Concordar, ou não, com uma mudança de cargo ou emprego, mesmo sabendo que não tem nenhuma afinidade com a nova função. Conformar-se, ou não, com um conflito de valores, que vivencia em sua empresa. Esses momentos – e nossas decisões – marcam para sempre a nossa imagem. Alguém já disse que "a história de um homem é a história de suas escolhas". Cada vez acredito mais nessa premissa. Quando, um dia, procurarem "o homem certo para o cargo certo", pode acreditar que as escolhas de hoje poderão fazer grandes diferenças amanhã.

À medida que aumenta a *exigência*, a imagem pessoal vai se tornando cada vez mais importante. Aquele gerente que "se virava como podia" lá pela matriz terá dificuldade em ser promovido a diretor e viajar pelas filiais, resolvendo impasses administrativos, caso tenha a fama de ser alguém pouco habilidoso no trato. Na verdade, ele provavelmente nem será promovido.

À medida que aumenta a *evidência*, também importa a sua imagem prévia. Como você poderia assumir uma empresa, para administrar um momento de crise, se já tem uma imagem, junto a todos, de pouco competente? Quem vai lhe seguir? Quem vai confiar em você?

Por isso, não pense apenas em auferir novas qualidades, mas também em buscar oportunidades para demonstrá-las, incluindo-as em sua imagem como pessoa.

Se tiver esse cuidado, um dia seu prêmio lhe virá. Se não tiver, isso poderá ser seu próximo teto profissional.

Só depende de você.

> "As pessoas mudam, mas esquecem de comunicá-lo."
>
> *Lillian Hellman*

Eloquência e oratória

É incrível como os profissionais raramente percebem a importância da oratória. Logo ela, que é a arte capaz de tornar nosso discurso algo claro e atraente para os demais.

Quando ela é importante? Fácil. Em quase todos os momentos, afinal, como diz o escritor Reinaldo Polito, especialista na "arte de falar em público", em qualquer atividade o profissional tem que participar de reuniões, entrevistas e outras situações em que precisa convencer pessoas. Até mesmo nos relacionamentos com os amigos, com a esposa, a família, a comunicação é importante; e a oratória é uma parte decisiva da comunicação.

Você conhece alguém, muitíssimo destacado em sua profissão, que nunca precisou falar em público, nem dar uma entrevista à imprensa, nem passar por algum momento em que foi publicamente avaliado? Eu não conheço. Como é possível, então, que um exército de profissionais pense que oratória é apenas para professores, palestrantes profissionais e políticos?

Como eu já disse, é incrível, mas é assim mesmo. Raros profissionais aplicam-se à arte da oratória.

Além disso, falar em público é o maior, senão um dos maiores, medos da humanidade. Um levantamento apresentado por Karen Kalish, listando os maiores medos do homem, traz o medo de falar em público na primeira colocação, antes de medos clássicos, como de baratas, de altura, de doenças e até da morte.[8]

Esse conjunto de coisas leva a uma realidade: os profissionais, por melhores que sejam, raramente falam bem; raramente se dedicam a isso. E aí vai mais um teto profissional, que no início da carreira parece algo bem dispensável, mas que depois caracteriza subitamente sua importância.

Uma boa oratória consiste em ter:

• uma boa voz, com dicção e projeção adequadas;

• um discurso articulado, com ideias bem conca-tenadas;

• um gesto adequado, elegante, porém natural, que auxilia a compreensão;

• um repertório didático que facilite o entendimen-to pelo interlocutor (exemplos, metáforas etc.);

• recursos para reduzir a ansiedade ante uma expo-sição iminente (ex.: técnicas de respiração).

---

[8] KALISH, Karen. *Como fazer apresentações espetaculares*. São Paulo: Campus, 2000.

Assim equipado, quando você tiver de atuar como orador, poderá fazer uma exposição clara, bela e elegante, o que impressionará muito os seus colegas, ou clientes, ou superiores, ou quem quer que esteja lhe ouvindo e que um dia vai falar bem de você.

À medida que aumenta a *exigência*, a oratória vai se fazendo necessária. Como acontece com aquele bom profissional, sucessivamente promovido, que começa a ter que participar de reuniões ou liderar equipes, sempre apresentando suas ideias e ponderações. Aí, então, uma dificuldade na oratória pode transformar sua paradisíaca promoção em um problema.

À medida que aumenta a *evidência*, a oratória também se faz pedir. Aquele bom gerente, agora prestes a ser promovido a diretor, é convidado a falar aos seus futuros liderados, além de expor suas opiniões para o corpo da Diretoria. Agora, uma eventual falta de competência comunicativa pode ser um "tiro no pé".

"Falar obscuramente qualquer um sabe;
com clareza, raríssimos."
Galileu Galilei

Relação com novos instrumentos e informações

Fui o filho caçula da minha família. Meus irmãos tinham, respectivamente, 10, 12 e 13 anos a mais que eu. Por isso, enquanto brincava com bolinhas de gude, eu os via preocupados com a futura vida profissional. Entre essas inquietudes, eles às vezes comentavam a necessidade de um curso de datilografia, que ensinava habilidade para operar uma máquina datilográfica. O sonho de – quase – todos era o de atuar naquelas geringonças com a mais alta velocidade e com o menor número de erros possível.

Eu imagino, agora, o seu espanto. Afinal, uma máquina datilográfica é algo que pertenceria a um passado tão remoto, que sua lembrança, hoje, chega a ser curiosa; quase hilária.

Mas a história não parou por aí. Foi lançada, depois, a máquina datilográfica elétrica, que não exigia tanta força ao teclar e que regulava a intensidade das batidas no papel. Os datilógrafos mais destacados, então, não mais operavam instrumentos manuais. Depois disso, chegou a máquina eletrônica, que passou a ser a nova aspiração desses profissionais.

Contudo, enquanto eu ainda era criança, os datilógrafos passaram a alimentar um novo sonho: tornarem-se operadores de telex. O que era o telex? Um transmissor de escrita a distância, que funcionava através da linha telefônica. Era uma máquina revolucionária, na qual alguém, por exemplo, datilografava alguma coisa no Rio de Janeiro, enquanto um aparelho análogo reproduzia simultaneamente o texto, eletronicamente datilografado em São Paulo.

Criaram-se, então, cursos de operadores de telex, cargos de operadores de telex, e esses profissionais constituíram uma orgulhosa elite em relação aos datilógrafos clássicos. Ser operador de telex era mais do que uma habilidade. Era uma carreira. Era uma profissão.

Tudo ia assim, "às mil maravilhas", quando num belo dia apareceu o fac-símile, logo apelidado de fax. Bem mais simples do que o telex, ele não mais exigia que o documento fosse datilografado como reprodução. O próprio documento já podia, então, ser colocado dentro do aparelho, em uma cidade, e uma cópia fidedigna sairia no outro aparelho, em outra cidade.

Assim surgiu o fax. Ao mesmo tempo, assim desapareceu o telex. E a carreira de operador de telex? Sumiu! Acabou! Submergiu! Quase "da noite para o dia", uma profissão deixou de existir.

95

Essa historinha (que não é tão nova) ilustra bem os tempos atuais. Vivemos tempos em que novas carreiras surgem e desaparecem no espaço de poucas décadas, ou às vezes até de uma ou duas décadas. Enquanto, na Idade Média, uma mesma profissão era transmitida de pai para filho durante muitas gerações, hoje um filho corre o risco de nem sequer conhecer a carreira que trilhou o seu pai.

Por isso, precisamos manter a mente aberta para nos relacionarmos sempre com novas informações, novos instrumentos e até novas carreiras.

Sou médico, e bem sei que um ultrassonografista, pelo menos a cada quatro ou cinco anos, terá de se adaptar a um novo instrumento de ultrassom, com novos comandos e novos recursos. Ao mesmo tempo, várias informações irão emergir da literatura médica, exigindo um novo molde de raciocínio diante dos mesmos problemas médicos de antes. Em minha opinião, um médico avesso a novos instrumentos e novas informações, em cerca de cinco anos, irá se tornar obsoleto; em dez anos, se tornará um "fóssil vivo".

A relação com as novidades deverá ser, porém, equilibrada. Existem duas posturas a serem evitadas: a neofobia e a neofilia.

O neófobo é aquele que costuma dizer que "detesta tudo que é novo". Sempre que surge um novo recurso ou um novo conhecimento, ele resiste, coloca vários impedimentos e só enxerga os possíveis pontos negativos. É alguém que todos conhecem, pois quase sempre existe alguém assim em nosso ambiente de trabalho. Todavia, este tipo de pessoa não irá longe, profissionalmente; tem "pernas curtas". A falta de capacidade para absorver novos instrumentos ou novos conhecimentos acabará ceifando seu progresso, como um autêntico teto profissional.

O neófilo é o indivíduo de perfil oposto. Qualquer coisa nova que surge, lá estará ele, na primeira fila. Qualquer novo recurso, ele quer ser o primeiro a utilizar. Qualquer nova informação, ele quer ser o primeiro a aderir. Por isso, tende a desprezar todos os instrumentos e conhecimentos usados até então, sempre que surge algo novo. Mas nem tudo que é novo será necessariamente melhor. Alguém descobriu que apenas um pouco mais de 50% das estratégias adotadas por uma empresa darão certo, donde se conclui que quase 50% darão errado. Sempre optando pelo novo, sem ponderar, o neófilo pode embarcar em muitos "barcos furados", e isso acabará atrapalhando sua carreira, e se tornará um teto profissional.

Além disso, como já insinuei, a relação com o novo exige bom senso e juízo crítico. Não basta ter um instrumento; é preciso saber o que fazer com ele. Uma nova arma, nas mãos de um policial, pode ser uma salvação ou um desastre, a depender do treinamento e da orientação que ele recebeu. Um novo recurso de vendas exige que se saiba quando e como utilizá-lo; do contrário, poderá se "queimar" uma nova técnica ao entendê-la mal e usá-la em situações indevidas.

À medida que aumenta a *exigência*, cresce a necessidade de adaptação ao novo. Um gerente de uma boutique de calçados pode ser tão bom que sua loja começará a crescer, duplicar, triplicar, quadruplicar seus ganhos, e assim por diante. Mas aí serão necessárias mais pessoas, novos recursos de software, maiores projetos de marketing, novos conhecimentos da área financeira, ou seja, o gerente terá de se adaptar a novos instrumentos e novas informações.

À medida que aumenta a *evidência*, todos precisam também ter cuidado com esses aspectos. A publicitária, que se tornou gerente de projetos e, depois, diretora da agência, acaba por ter que se adaptar a novos estilos administrativos e novas máquinas. Sua desadaptação inicial com tudo que é novo, que passava despercebida quando ela era apenas uma estagiária, trancada em uma salinha no canto do andar térreo, pode parecer gigante diante de todos que agora olham para essa nova diretora.

"Só os grandes sábios e os grandes ignorantes são imutáveis."

Confúcio

Capacidade de readaptação

Certo dia, lá estava eu assistindo a uma entrevista de Donald Trump na TV, quando o repórter lhe fez uma pergunta interessante, mais ou menos assim: "Dentre todas as dificuldades no meio empresarial, qual é a pior? Quais os momentos mais difíceis? As reuniões 'pesadas'? As dívidas que parecem impagáveis? O enfrentamento dos rivais?...".

Ele nem titubeou e respondeu algo como: "Nenhuma dessas! Para mim, uma das situações mais difíceis é constatar que um antigo parceiro, que muito ajudou no passado, não mais se adapta ao cenário atual".

Nessa frase, ele quis se referir àquele sócio antigo, que lutou ombro a ombro com ele durante anos para fazer uma empreitada dar certo e conseguiu. Mas agora, com o negócio atingindo novos patamares, esse sócio não se adapta à nova realidade.

Um bom exemplo seria o caso de dois brasileiros vendendo churrasquinho na porta do estádio de futebol. Um deles, o dono da barraquinha, é todo organizado, enquanto seu sócio "toca" o negócio quase como uma brincadeira, só que com um detalhe: eles fazem, mesmo, um ótimo churrasquinho! Por causa disso, o negócio cresce, e o movimento aumenta a ponto de eles precisarem de um ajudante, e depois de mais uma barraca no outro lado do estádio, e depois de barraquinhas que funcionem simultaneamente nos outros estádios, até chegar a uma rede de barraquinhas vendendo churrasquinho, requerendo liderança de colaboradores, contrato com fornecedores, manutenção das barracas etc. Em suma, o negócio mudou. Agora, trata-se de outra situação, exigindo outras atribuições. O sócio organizado se adapta e providencia tudo o que o "novo negócio" lhe exige, mas o outro não muda e continua "brincando". Ele não ajuda em nada na parte administrativa, mas, como é sócio desde o começo, se sente no direito de opinar em tudo. Mais ainda, ele não concordaria em apenas continuar vendendo churrasquinho, com seu bom humor, fazendo o que sabe fazer de melhor. Não. Ele é um sócio e quer participar das decisões administrativas. Veja que situação difícil: ele não ajuda na administração, e até atrapalha. Imagine, então, se eles evoluírem para uma cadeia de lanchonetes! Por outro lado, ele foi o sócio que ajudou a "levantar" tudo; é ótimo vendedor, faz churrasquinho muito bem... Que constrangimento se forma para o sócio majoritário, que era o dono da primeira barraquinha e ainda tem a maior parte do negócio. Seu parceiro, seu aliado, às vezes até seu amigo, que lhe ajudou muito no começo de tudo, não serve mais para o atual negócio.

A entrevista com Donald Trump continuou, e o repórter perguntou: "Mas como sair desse tipo de situação". E ele respondeu: "Não tem jeito. Apesar de todo o constrangimento, a única saída é demiti-lo".

Confesso que essa entrevista "mexeu" comigo. Primeiro, porque inicialmente achei que Trump foi muito duro em sua opinião. Segundo, porque nunca tinha pensado nisso como "uma das situações mais difíceis". Contudo, aos poucos fui compreendendo a que problema ele se referia. Os sócios não conseguiam mais ser adequados. Não conseguiam mais ajudar. Eles atrapalhavam o mesmo negócio que ajudaram a construir! Em suma: eles não se readaptaram.

Creio que nunca foi tão importante saber se readaptar quanto no mundo presente. No cenário atual, os negócios mudam de feição em poucos anos. As oportunidades raramente são aquelas que idealizávamos alguns anos atrás. As profissões mudam tão rapidamente que por vezes até mudam de nome. É certo que só existem profissões enquanto existirem profissionais, mas para ser um profissional você precisa se adaptar a alguma profissão. Se ela muda, ou você muda ou não é mais profissional.

Em outras palavras: é fundamental saber se adequar às mudanças. A capacidade de readaptação não é apenas um requisito de sucesso; é mais do que isso. Não se ajustar à nova forma é como tornar-se uma múmia viva. Em algumas situações, readaptar-se é sobreviver.

Não me refiro, aqui, às situações de difícil acomodação, e o melhor exemplo para isso estaria em um caso de conflito de valores. Por vezes, um vendedor, que vinha se saindo bem na empresa, é enviado a atender compradores de alto padrão, com outro nível de exigência: isso é necessidade de readaptação. Mas, por outro lado, se ele passa a ser orientado a mentir desbragadamente para os potenciais compradores, e isso vai contra seus princípios, trata-se de um conflito de valores. Nesse caso, não seria um problema de adaptação, mas sim de valores, e talvez seja melhor mudar de empresa.

Adaptação também não é fisiologismo. Adaptar-se não é "pensar o que meus chefes pensam", mas sim "buscar as aptidões que o perfil atual da minha profissão exige". Porém, cuidado! Não confunda conflito de valores com conflito de opiniões. No conflito de valores estão envolvidos valores básicos, sejam morais, espirituais etc. No conflito de opiniões, seus diretores avaliam a situação de um jeito e você avalia de outro, mas ninguém lhe impõe a transgressão de valores básicos. Ter valores é ter princípios, mas não é ser "birrento".

Outra readaptação que pode ser necessária é a mudança de cidade. Por vezes, um avanço na carreira requer mudar-se para assumir sua nova posição, e temos que estar também preparados para isso. Um promissor aprendiz, que trabalhava em uma cidade média, pode ser nomeado para um cargo melhor na matriz de sua empresa, que fica em uma cidade maior, e seu progresso estará atrelado a essa mudança. Da mesma forma, um jogador de futebol que atua na região norte do Brasil poderá receber uma proposta de um time do sudeste, e terá que trocar de cidade para seguir seu crescimento profissional. Não se pode ter um sonho profissional, "traçar um quadrado na areia da praia" e decidir que o seu sonho terá que acontecer exatamente ali, dentro daquele quadrado. Seria querer limitar demais o seu sonho, e isso pode limitar também as chances de sua concretização.

Porém, cuidado. Embora não seja uma regra infalível, aceitar a ideia de mudança física geralmente funciona quando se vai mudar de um lugar menor para um lugar maior. Partir para uma cidade menor só se aplica se for, por exemplo, para deixar de ser supervisor de um grande centro para ser diretor regional em um pequeno; houve claramente uma promoção. Pode se aplicar, também, se for uma viagem de poucas semanas ou meses, para ajudar a "apagar um incêndio" que surgiu em uma filial da empresa.

Sempre será preciso se adaptar, e essa mudança pode ser técnica, comportamental, física, ou até uma combinação delas.

Quem não se amolda a novos tempos, enrijece-se. Vida é movimento e transformação. Profissão é vida e, portanto, naturalmente mutável. Não alcançar essa premissa é se condenar a um teto profissional.

À medida que aumenta a *exigência*, o reajustamento é cada vez mais necessário, e mais rápido. O vendedor de imóveis que atendia uma clientela com menor poder de compra, ao ser alçado a uma clientela de maior alcance, terá que se readaptar. E não falo de roupas, carro, relógio etc. Refiro-me a nova linguagem, nova postura, novos argumentos. Não é o caso de um "banho de loja", mas sim de uma "ducha de percepção" das novas necessidades.

À medida que aumenta a *evidência*, não haverá clemência para a rigidez profissional. Pode-se ter paciência com o auxiliar de limpeza que tem dificuldade para se readaptar a um novo produto químico, mas ninguém o perdoará quando for gerente e não conseguir se adaptar aos novos programas de informatização do seu setor.

"Nada existe de permanente,
a não ser a mudança."

Heráclito

Estrutura de lar

Em 1964, durante um discurso, o então presidente americano Lyndon Johnson disse: "Os objetivos não podem ser medidos através do balanço de bancos. Eles só podem ser medidos através da qualidade de vida que proporcionam às pessoas".

Ele foi muito aplaudido. Afinal, um presidente americano reconhecia que havia algo importante além do dinheiro, havia a "qualidade de vida". Mas perguntaram todos: o que seria qualidade de vida? E, então, iniciou-se uma acalorada polêmica. Uns achavam que qualidade de vida era obter dinheiro, e também saber como utilizá-lo. Diziam outros que era a capacidade de vivenciar momentos alegres. Outros, ainda, falavam que dependia de manter boas relações sociais e familiares. Havia quem dissesse que bastava gozar de boa saúde, e o resto seria consequência.

Tão grande foi a polêmica, que a Organização Mundial de Saúde resolveu patrocinar estudos que estabelecessem os fatores determinantes da qualidade de vida. Dentre outros, um amplo estudo foi conduzido por Power, Bullinger e Harper, quando montaram o chamado "Grupo de qualidade de vida da Organização Mundial da Saúde" (WHOQOL Group), e fizeram um estudo internacional, considerando a realidade de vários países e tentando eliminar influências regionais.[9] Em outras palavras, eles se perguntaram: quais seriam os fatores que melhorariam a nossa satisfação em relação à vida, em virtualmente todas as pessoas, em todos os países? Os resultados foram catalogados e cada fator recebeu um peso, pois alguns itens tinham influência mais forte que outros.

Esses fatores são primeiramente divididos nos chamados quatro "domínios" básicos: saúde física, psiquismo, relações interpessoais e ambiente. Na saúde física, realçam-se a capacidade de manter suas atividades habituais, de sentir-se com "energia" e de ter capacidade física para seu trabalho. No psiquismo (o domínio que teve maior peso), autoestima, boa cognição e capacidade de ter "sentimentos positivos" foram os componentes que se destacaram. Nas relações interpessoais, o maior relevo está na capacidade de manter favoráveis contatos sociais. No domínio do ambiente, um fator teve o maior peso: o domicílio; em outras palavras, um ambiente domiciliar satisfatório.

Ao falarmos, aqui, de estrutura de lar, estamos falando de desfrutar de uma atmosfera domiciliar satisfatória.

---

[9]   *Health Psychology*, 1999.

Colocamos este tópico de qualidade de vida entre os tetos profissionais, não porque ele seja mais importante do que outros, tais como saúde física ou autoestima, mas sim porque este é um tópico frequentemente negligenciado por indivíduos promissores em seu trabalho. O profissional se esmera em ter um bom desempenho no serviço, mas não investe na estrutura do seu lar. Seu trabalho alimenta-o, física e emocionalmente, mas seu lar não o ajuda.

Quando ponderamos sobre estrutura de lar, não estamos falando, necessariamente, de estrutura familiar. Esse é outro tópico que tem sua devida importância, mas não é sobre ele que estamos conversando agora. Aqui, falamos sobre as condições domiciliares do indivíduo. Seu lar é limpo? É minimamente confortável? Traz uma sensação de boa "energia" para quem entra nele? A convivência é agradável, mesmo que essa convivência não seja entre pessoas, mas com animais ou até com plantas? Enfim, seu domicílio lhe traz uma sensação agradável, quando você está dentro dele?

Cheryl Richardson, ao listar os sete principais obstáculos que impedem que sua vida seja como você deseja, destaca entre eles a "sensação de que pessoas, lugares e coisas desgastam sua energia", e mostra que uma das causas para isso é ter uma casa desarrumada.[10]

---

[10] RICHARDSON, Cheryl. *Sua vida em primeiro lugar*. Rio de Janeiro: Sextante, 2002.

Você não tem de morar em uma mansão; nem possuir uma cobertura triplex cinematográfica. Porém, a falta de uma casa agradável, bem-arrumada e minimamente confortável pode lhe desgastar, e então transformar-se em um teto profissional.

À medida que aumenta a *exigência*, mais se necessita da estrutura do lar. No começo da carreira, "tudo eram flores". Agora, em ascensão profissional, você sofre pressões, enfrenta desafios. Você terá um pequeno tempo para usufruir do seu espaço domiciliar, e ele precisará ser um local agradável e "energizante".

À medida que aumenta a *evidência*, mais se sofrerá com um lar malcuidado. Imagine receber colegas, amigos e, eventualmente (por que não?), até a imprensa em uma casa que não tem uma boa atmosfera. Isso é ruim, pois essa casa passará a fazer parte da sua imagem; e não adianta pensar que, "quando eu chegar lá em cima vou poder ter uma casa arrumada", porque cuidar – ou não – do seu domicílio é um hábito que o acompanhará em qualquer cidade, em qualquer bairro e, consequentemente, em qualquer cargo que você estiver.

"Antes de começar o trabalho de mudar
o mundo, dê três voltas dentro de sua casa."

Provérbio chinês

Ambição

É difícil saborear um prato sem sal. É igualmente difícil saborear um prato com excesso de sal.

O mesmo acontece com a nossa ambição. Ela é uma "faca de dois gumes", que tanto pode ajudar-nos quanto pode nos atrapalhar. Ter ambição não é pecado; tampouco, ela não pode ser seu Deus. *Ter ambição é uma questão de equilíbrio.*

Alguns profissionais nunca estão satisfeitos. Sempre querem mais. Sempre querem tudo. Estão sempre em busca de um aumento de salário, de uma promoção, de um título, de uma sala maior. Logo que eles conseguem alguma dessas coisas, mal param para comemorar e logo já estão de olho na etapa seguinte. Veem a carreira com uma grande escada. Como alguém já disse, não passam de "subidores de escadas". Quase não olham para o lado, onde estão as pessoas, os momentos de convívio, o prazer do dia a dia, a família; enfim, não olham para a vida, apenas para a escada. São os *insaciáveis*.

Outros, ao contrário, parecem que nunca desejam nada. Não alimentam ambição alguma. Quase nunca sonham e, quando sonham, não vão à busca do que desejam. Quando perguntados, dizem sempre que "assim já está bom". Frequentemente, esse tipo de profissional tem uma história de "não feitos"; ou uma história de "quases". Quase foi isso, quase fez aquilo, quase conseguiu levar à frente aquilo outro, e assim por diante. São os *conformistas*.

Não se deve confundir insaciabilidade com ambição. Também não se deve confundir saciedade com conformismo. O meio-termo é o adequado. Por isso digo que ambição é equilíbrio.

Ter sonhos não é um problema. Ir à busca deles – e estabelecer projetos – é normal. Tudo isso, desde que antes se estabeleça uma relação esforço-resultado. Seria como dizer a si mesmo: "Ok, eu quero chegar ali. O que isso vai me exigir? O que isso vai me sacrificar? O que ganharei em troca? Essa conquista será algo que realmente alimentará minha alma?". Outra coisa importante é estabelecer metas realistas. Um jovem de 17 anos, recém-admitido como mensageiro da empresa, não pode esperar ser o presidente da empresa em poucos anos. Um novo docente em uma universidade não pode entrar como professor assistente e já estar pensando em ser reitor após pouco tempo. Tais expectativas, embora não sejam impossíveis, não são realistas, pois contam com uma probabilidade próxima a zero, e talvez não se contentem nem com um esforço de 100%.

O objetivo é importante. Porém, a jornada faz parte do objetivo. Uma carreira feliz, cheia de bom convívio e aprendizado vivencial, estará preparando o profissional para os cargos mais altos; para que os "dias melhores" sejam, de fato, dias melhores; que sejam frutos do aprendizado que o bom relacionamento lhe permitiu. Quando se chega ao topo, não bastará mais ser apenas um chefe. Será preciso ser um líder. Porém, *um líder se forma, e não se transforma*. Um líder é fruto da interação cada vez mais bem-sucedida com o meio, e não um posto obtido através de um papel de nomeação. Faz parte de nossa trajetória conhecer a vida, as pessoas e a si mesmo. Os insaciáveis pensam que não há tempo para isso. Mas podemos pensar justamente de forma oposta: a nossa existência é tão breve que não há tempo para não aprender com a vida. A maior perda de tempo é não crescer, e a nossa maior luta é contra o autodesconhecimento. Como disse Carlos Drummond de Andrade: "Só é lutador quem sabe lutar consigo mesmo".

Por outro lado, aquele que nunca aspirou a nada, a lugar nenhum chegará; caso chegue a algum lugar, não tardará a perdê-lo, pois a ambição precisa fazer parte de uma boa carreira. A busca por objetivos é parte de nós, assim como os jogos de brincadeira fazem parte da vida das crianças, pois mesmo que apenas uma delas vença o jogo, todas elas conviverão e aprenderão através do momento lúdico que compartilharam. Como disse Charles Chaplin: "Bom mesmo é ir à luta com determinação, abraçar a vida com paixão, perder com classe e vencer com ousadia, pois o triunfo pertence a quem se atreve... A vida é muito para ser insignificante".

Existe outra situação híbrida, na qual convivem ambição e conformismo no mesmo profissional. É o que poderíamos chamar de "autoteto", ou seja, um teto que o próprio indivíduo se coloca. Seria o exemplo do jovem jogador de futebol que sonha em jogar em um clube de primeira divisão e dirige sua ambição nesse sentido. Ao conseguir chegar a um grande time, todos notam que ele tem potencial para ir além, para jogar em outros países, para chegar à seleção nacional. Essas possibilidades são realistas, ante seu excepcional nível técnico e físico; são perfeitamente possíveis e até prováveis, a partir de algum esforço a mais. Contudo, ele nunca imaginou isso. Nunca pensou ir além, e já chegou ao máximo que sempre imaginou chegar. Está em um misto de deslumbramento e conformismo. É a *ambição autolimitada*. O indivíduo tem plenas condições de ir além, mas estabeleceu um "autoteto profissional". Parece mentira, mas conheço diversos profissionais assim...

À medida que aumenta a *exigência*, mais o conformismo será perigoso. Nos altos patamares profissionais, tudo requer alto desempenho, alta dedicação e, portanto, grande vontade de fazer cada vez melhor. Os conformistas não suportam o ambiente de alta *performance*, e isso pode sepultar sua carreira.

À medida que aumenta a *evidência*, a ambição desenfreada pode ser um "tiro no pé". Aquele jovem estagiário que "passou por cima" dos colegas para chegar a gerente precisará de habilidades novas para exercer a nova função. Dentre elas, a de relacionamento interpessoal aberto e assertivo, e a de princípios éticos que lhe deem confiabilidade entre os demais gerentes. Caso não as tenha desenvolvido, a carreira para por aí, pois estará configurado um novo teto profissional.

"Desconfia que a ambição não seja
a cobertura do orgulho e que a modéstia
não seja senão um pretexto para a preguiça."

Henri "Bonaventure" Monnier

Satisfação com valores espirituais

Aqui, entramos em um terreno perigoso, movediço, pois falar de espiritualidade é falar de um tema que tem as mais diversas interpretações e os mais diversos níveis de valor para diferentes indivíduos. É impossível dizer qual caminho espiritual é o melhor para todos.

Diversos estudos vêm relacionando qualidade de vida com o nível de satisfação do indivíduo em relação à sua própria prática espiritual. Outras pesquisas mostram que a espiritualidade pode ser também utilizada como instrumento de "coping", ou seja, de manejo das situações de estresse. Há trabalhos indicando que pessoas com maior sensação de bem-estar em relação à sua espiritualidade têm menor tendência a sofrer de alguns transtornos mentais. Outros grupos chegam a estudar possíveis novos questionários, que seriam aplicados aos pacientes que dessem entrada em hospitais, também levando em conta seus aspectos culturais e espirituais.

A Organização Mundial de Saúde (OMS), quando estabeleceu seu instrumento de aferição de nível de qualidade de vida (WHOQOL 100), considerou, dentro da esfera do psiquismo, o que chamou de "satisfação em relação aos seus valores espirituais". Em outras palavras, não importaria qual a religião do indivíduo, ou qual sua frequência ou modalidade de prática religiosa, mas sim se existiria a chamada "satisfação em relação aos seus valores espirituais", quaisquer que fossem eles. Parecem que estariam melhores aquelas pessoas que se sentissem "conectadas a Algo Maior", com algum sentido de vida, em paz interior, e capazes de com isso nutrir algum tipo de fé, esperança e otimismo, não importando seu tipo de crença espiritual.

Mais recentemente, a própria OMS desenvolveu um questionário específico para avaliar esse aspecto (WHOQOL-SRPB), para testá-lo simultaneamente em diversos países.

Por isso, não interessa qual seu tipo de religiosidade, mas interessa que você se pergunte: estou satisfeito e saciado em relação a esse aspecto? Estou em paz com meus valores espirituais? Se a resposta for sim, tudo bem; isso não deverá incomodá-lo no futuro. Todavia, em caso negativo, você poderá ser pego em uma futura armadilha.

Acredite: conflitos relacionados à espiritualidade podem, sim, se tornar tetos profissionais.

À medida que aumenta a *exigência*, mais irá necessitar de algumas estratégias para administrar o seu estresse. Para aqueles dois novos gerentes, recém-promovidos, a pressão profissional passou a ser maior. Diferente de como acontecia no tempo em que eram colaboradores da gerência, eles agora tinham o peso de várias decisões sobre os ombros, e isso era bem mais desgastante. Um deles, porém, através de suas práticas espirituais, sentia-se suportado por Algo Maior, conseguia recuperar a paz consigo mesmo e permanecia otimista.

À medida que aumenta a *evidência*, mais os colaboradores olham para os novos gerentes, buscando uma visão positiva nesses novos líderes. Certamente confiarão mais naquele que, entre outras habilidades, também fornece uma visão de alguém verdadeiramente feliz, em paz e esperançoso.

"Acredito que não somos somente
humanos, nem mesmo seres humanos que,
eventualmente, desfrutam de experiências
espirituais, mas seres espirituais
que têm experiências humanas."

Brian Weiss

Inteligência emocional

Embora as pesquisas nessa área já venham de longa data, o termo "Inteligência emocional" é relativamente novo, pois se tornou mundialmente conhecido apenas a partir da publicação do *best-seller*, de mesmo nome, de Daniel Goleman.[11] Recomendo – muito – a leitura desse livro.

Na década de 1960, assistimos à explosão dos testes de QI (quociente de inteligência). Eu mesmo, na adolescência, quis ser submetido por duas vezes a testes de QI, pois esses resultados eram importantes na época.

No entanto, outros estudos acabaram demonstrando que o QI não era tudo! Verificou-se que alunos com alta pontuação de QI e altíssimas notas na escola e na faculdade não eram necessariamente os mais bem-sucedidos profissionalmente na vida adulta. Alguns deles, antes "alunos nota 10", agora pediam emprego aos "alunos nota 8" do passado. Todos se perguntavam como era possível que, apesar de todo seu desempenho escolar e nos testes de inteligência (QI), esses jovens acabassem se tornando

---

[11] GOLEMAN, Daniel. *Inteligência emocional*. Rio de Janeiro: Objetiva, 1995.

profissionais medianos na vida profissional. Algo estava errado com os métodos de avaliação...

Com os anos – e pesquisas – verificou-se que não se estava levando em conta os aspectos que envolviam outro tipo de inteligência, que foi então chamada de "inteligência emocional". Esses indivíduos, ditos emocionalmente inteligentes, não eram apenas capazes de "pensar direito", mas seriam também capazes de "sentir direito". Explicando em termos básicos, notou-se que aqueles jovens haviam aprendido a perceber suas próprias emoções e reagir adequadamente a elas, mantendo um mínimo controle sobre suas respostas emocionais. Isso ganhou tanta repercussão que até se criou outro teste, além do QI: surgiu o QE, teste de avaliação do Quociente Emocional. Agora, um profissional não precisa apenas de um bom QI, mas também de um bom QE.

Mas como seriam, segundo Goleman, as pessoas emocionalmente inteligentes? Resposta: aquelas que tivessem cinco predicados básicos, que seriam: 1) Conhecer suas próprias emoções; 2) Saber lidar com suas emoções; 3) Ter capacidade de automotivação; 4) Reconhecer as emoções dos outros; 5) Saber lidar com relacionamentos interpessoais. Vamos falar – só um pouquinho – sobre cada um desses atributos.

Reconhecer suas próprias emoções parece algo elementar, e é. Então seria de se esperar que fosse uma qualidade comum a vários profissionais, mas não é. Ao observar os tipos humanos, é surpreendente perceber o quanto as pessoas não notam o que estão sentindo. É frequente o exemplo de alguém que fica agressivo com os colegas, achando que todos estão "tirando o dia" para lhe perturbar, quando, na verdade, está apenas com medo de não terminar a tempo o seu relatório que tem prazo final até o dia seguinte. Raros profissionais são capazes de olhar para dentro de si mesmos e perguntar: que é isso que estou sentido? Quando me senti assim pela última vez? O que costuma estar acontecendo quando me sinto assim? Qual o nome desse tipo de emoção? Por que estou sentindo isso?

O manejo de suas emoções consiste em capacidades tais como tolerar eventuais frustrações e administrar suas expressões de raiva. Tais pessoas não costumam ser afeitas a gritos e/ou ofensas verbais, por exemplo. Habitualmente, conseguem lidar com situações de tensão e, quando é necessário expressar sua ira, conseguem fazê-lo sem brigar. Costumam nutrir sentimentos positivos acerca de si mesmos, seu trabalho, sua vida familiar etc. Com isso, não adquirem comportamento agressivo nem autodestrutivo.

A capacidade de motivação existe em indivíduos que demonstram produtividade e foco continuados, mesmo em situações de tensão e/ou dificuldade. Têm menor tendência à impulsividade e mais controle sobre suas ações produtivas. Costumam ter boa pontuação em testes de aproveitamento.

Empatia é a capacidade de se colocar no lugar do outro; ou melhor, a capacidade de se colocar no lugar do outro adotando a perspectiva do outro. Assim, não basta apenas imaginar o que você faria no lugar daquela pessoa, mas sim o que faria se fosse aquela pessoa, com o mesmo sexo, a mesma idade, os mesmos valores, os mesmos princípios, as mesmas limitações etc. Apenas assim é possível entender o outro, mesmo que não concorde com ele. Quando se entende o outro, fica mais fácil saber como argumentar com ele, até porque começamos também a adquirir certa sensibilidade com os sentimentos dele. Os indivíduos empáticos, inclusive, passam a ser bons ouvintes dos problemas alheios importantes.

O relacionamento interpessoal, segundo Goleman, começa com a capacidade de analisar e compreender relacionamentos, desenvolvendo-se um comportamento pró-social e harmonioso quando em grupo. A partir daí, ampliam-se a habilidade de solução de problemas de relacionamento, a negociação de conflitos, a cooperação, a partilha, a amizade etc.

A inteligência emocional, em todo ou em parte, sempre está presente naqueles que "vão mais longe". Quando ela falta até em sua forma mais básica, transforma-se em um enorme teto profissional. Conheço várias pessoas que, ao se depararem com esse teto profissional, não conseguem enxergá-lo. São pessoas, por vezes, com ótimo potencial, muito intelectualizadas, mas cuja inteligência emocional deixa a desejar. Por vezes o teto profissional está ali, escancarado; todos o veem, todos comentam, todos dizem ao indivíduo o que se passa, mas ele – o principal interessado – não consegue enxergar. É o que poderíamos chamar de cegueira emocional.

Outra coisa importante: a inteligência emocional não surge apenas na vida adulta. Ela já aparece – ou não – em crianças. Quando, por exemplo, uma menina de apenas cinco anos é capaz de abrir mão de uma recompensa imediata (um docinho) em troca de uma recompensa – maior – tardia (ir ao parque por duas horas) ela está demonstrando sua inteligência emocional, pois consegue, desde já, administrar emoções para conseguir melhores resultados. Entenda-se, portanto, que a inteligência emocional não é inata. Ela é *adquirida*, e isso costuma acontecer na infância, especialmente através do convívio e da educação familiar. Quando isso não ocorre na infância, nem tudo está perdido. Mas será necessária ajuda – por exemplo uma psicoterapia – para que o adulto possa resolver, pelo menos parcialmente, essas limitações.

À medida que aumenta a *exigência*, mais aparece a falta de inteligência emocional. Aquele médico recém--formado, que foi ótimo aluno e brilhante residente, passa a ter que atender – e agradar – a uma clientela mais exigente, diferente daquela a que se acostumou durante seu treinamento. Agora, ele responde por si mesmo e, consequentemente, por sua eventual inabilidade. Nesse novo desafio, não bastará ser hábil apenas com a caneta ou o bisturi, mas também com o comportamento, ou sua carreira não vai tão longe quanto se esperava.

À medida que aumenta a *evidência*, mais o profissional será dilapidado por não saber lidar com emoções. Aquele mesmo jovem médico, agora em ascensão, será cada vez mais exposto a debates, congressos abertos, discordância pública de colegas, situações que ele terá que saber administrar emocionalmente, sob pena de ser "soterrado" por suas próprias inabilidades.

Em minhas observações, a falta de inteligência emocional é, de longe, o maior dos tetos profissionais!

Há algo ainda mais grave neste quesito. Além de ser o maior dos tetos, ele é provavelmente o único de percepção mais lenta. Você deve se lembrar que, quando falamos inicialmente dos tetos profissionais, dissemos que, quando nos deparamos com eles, temos uma súbita conscientização de sua importância. Pois, aqui, no terreno da inteligência emocional, além da nossa limitação, sofreremos com a nossa resistência. Custamos muito a perceber – ou admitir – que nossas emoções estão nos sabotando. Resistimos, porque é bem menos doloroso colocar a culpa no "idiota do chefe", ou no "estúpido do colega" ou no "imbecil do cliente", do que reconhecer que nossa inteligência emocional precisa ser trabalhada.

Por isso, invista em sua inteligência emocional. Observe-se, estude-se, busque a ajuda de terapeutas. Pode acreditar que, além da diferenciação técnica, esse será o maior investimento profissional de sua vida. Será o que mais o diferenciará, pois quase ninguém atenta a esse terreno de desenvolvimento. Isso aumentará seu desempenho e lhe permitirá alçar voos cada vez maiores. Buscar ajuda para saber administrar suas emoções não é sinal de fraqueza. É sinal de inteligência profissional e caminho para ascensão futura.

"Um profissional [frequentemente] é contratado por suas competências técnicas e demitido pela falta de competências comportamentais."

Rogerio Leme

Domínio da assertividade

Apresentar uma das facetas da inteligência emocional, a assertividade, é algo tão importante que dedicaremos a ela um capítulo próprio.

Quantas histórias nós já vimos, nas quais um colaborador deixa uma empresa porque não aguenta mais ser o "capacho" do chefe, sem nunca poder dizer o que pensa ou sente? Quantas vezes não vimos, também, alguém deixar uma empresa porque diz "tudo que pensa e tudo que quer, na hora que quer" e acaba brigando com todo mundo? Pois, por incrível que pareça, as duas situações se referem ao mesmo assunto: falta de assertividade.

No terreno comportamental, poderíamos dizer que assertividade (em palavras bem simples) é a *capacidade e o exercício de expor suas opiniões e sentimentos* de forma hábil, sem permanecer sempre calado (passivo), mas também sem agredir ninguém (agressivo). Como logo se percebe, nem sempre é algo fácil e exige uma boa dose de inteligência emocional.

O indivíduo passivo não é assertivo. Ele simplesmente ouve. Fala pouco ou nada, ou então fala apenas para concordar. Se suas ideias são contrárias ao que foi dito, ele se cala. Se seus princípios são antagônicos, ele não se pronuncia. Se a colocação é injusta, ele não retruca. Para ele, não confrontar é mais importante do que se posicionar.

O indivíduo agressivo também não é assertivo. Ele expõe sua opinião sem se preocupar com a possível contundência de suas palavras. Simplesmente fala, e fala "o que vem à cabeça". Frequentemente agride, e mais: não raro tem, mesmo, a intenção de agredir. Costuma dizer aos outros que têm o "gênio forte", que "não leva desaforo para casa", ou que "comigo é assim: falo na cara!". São pessoas que não fazem a leitura do outro; que não se importam com o eventual desgaste que suas palavras possam causar; que não têm nenhuma "estratégia de abordagem" para com os colegas.

Ainda há um terceiro tipo: o passivo-agressivo. É aquele que pensa: "não retruco, mas também não faço". Geralmente se cala diante de uma estratégia com a qual não concorda, mas pouco ajuda na sua execução. Quando fala alguma coisa, quase sempre é algo vago e negativo, ou apenas um muxoxo, ou um suspiro, ou uma discreta careta de desaprovação. É um falso-passivo, porque na verdade é partidário do chamado "conflito mudo". Desafia, mas não com palavras. Desafia com indolência, com ironia, com mímica facial e em casos extremos até com sabotagem.

Enquanto isso, o assertivo gosta de expor suas posições e seus princípios, mas também ouve quando os outros expõem os seus. É um elemento que privilegia a troca. Embora tenha opiniões claras, também sabe ouvir, aceita acordos e respeita o outro.

Os indivíduos não assertivos sofrem tudo o que os outros também sofrem... e mais um pouquinho. Os passivos sofrem "engasgados" com tudo que acham que não podem dizer, sempre "engolindo sapos". Os agressivos sofrem ou pelo arrependimento por ter "exagerado na fala", ou pela raiva de sempre "ser obrigado a brigar com seus desafiadores". Os passivo-agressivos também sofrem, pela indignação de ter que "lidar com imbecis" o dia inteiro.

Indivíduos assertivos também sofrem, porém não sofrem desnecessariamente. Também se posicionam, mas procurando não deixar sequelas em seus colegas. São melhores em situações difíceis, em conflitos, em debates, pois são aqueles que costumam resolver uma situação que parecia complicada e tendente ao conflito.

À medida que aumenta a *exigência*, mais se exige assertividade de um colaborador. Aquele ajudante que agora é alçado a uma posição de liderança invariavelmente terá que expor ideias, discordar de alguns e outros e harmonizar posições contrárias. Se não o conseguir, terá atingido um emaranhado teto profissional.

À medida que aumenta a *evidência*, mais a assertividade fará falta. O auxiliar de professor que agora é elevado à categoria de docente precisará saber expor seus princípios e suas ideias de foram hábil; afinal, um professor é alguém que *professa*. Agora, todos estarão "de olho" nele, e uma eventual passividade, ou agressividade, será logo percebida, comentada, e talvez uma contraindicação para futuras promoções.

"Pouca sinceridade é uma coisa perigosa, e muita sinceridade é absolutamente fatal."

Oscar Wilde

Gerenciamento do estresse

Em 2001, assombrei-me ao ler o Relatório Anual da Organização Mundial de Saúde. Segundo os dados então disponíveis, estimava-se que cerca de 8% da população mundial parecia sofrer de ansiedade, a ponto de buscar ajuda médica.

Pensando sobre esses dados, e fazendo um exercício matemático, multipliquei esse número pelos habitantes do nosso planeta, considerei os possíveis casos sub-relatados (que não chegam a procurar ajuda) e percebi que chegaríamos a uma cifra próxima de um bilhão e quinhentos mil habitantes (mais de 1/5 da população global) de ansiosos. Uma verdadeira epidemia global de ansiedade!

Mas o que é a ansiedade? O que é o estresse? Sempre um evento negativo? Um dano evitável? Vamos, aqui, conversar sobre essa faceta tão importante da vida moderna.

Estresse nem sempre é um vilão

Na verdade, ele é um dos mais espetaculares mecanismos de defesa existentes na natureza.

Na savana africana, quando um antílope está pastando e recebe o bote de um leão faminto, pronto: seu coração dispara, seus pelos se eriçam, sua musculatura se contrai, suas pupilas se dilatam, seu sangue é inundado por substâncias que preparam o corpo para uma situação de emergência. Isto tudo é o que chamamos de *reação de alarme*! Ela é a primeira fase do estresse... e pode ser salvadora para o antílope, fazendo-o escapar do leão. Sem essa capacidade de disparar uma reação de alarme, os antílopes seriam todos sempre comidos pelos leões; com essa capacidade, uma parte dos antílopes garante sua sobrevivência e a continuação de sua espécie.

Vamos supor que esse antílope, em um experimento, seja colocado para viver muito próximo a leões, e o perigo continue. Aí então se estabelecerá uma *fase de adaptação*, na qual o organismo tenta se adequar a um estado que aqui vamos chamar de *semialarme contínuo*. Por algum tempo, o corpo resiste, mas tudo tem limite, e então começam a surgir alguns problemas decorrentes dessa sobrecarga, e aí chega a *doença*. Alarme, adaptação e doença são as conhecidas fases clássicas do estresse, conforme descritas pelo seu primeiro grande estudioso, Hans Selye.

No entanto, após ter sido alvo – e conseguir escapar – do ataque do leão, esse antílope adquire algo muito interessante, que se chama *memória emocional*. Em termos técnicos, dizemos que houve um estímulo (ataque de leão), que levou a uma reação de alarme. Mas, a partir daí, sempre que este mesmo antílope for atacado por um leão, ele reagirá mais rapidamente, pois seu cérebro registrou esse tipo de perigo e aguçou suas defesas, fazendo dele um antílope bem mais difícil de ser pego pelo leão do que os outros. A memória emocional antecipa o risco, prepara para o perigo e aumenta a velocidade de resposta.

Segundo alguns neurocientistas, a memória emocional seria quase um ícone da preservação das espécies; e mais: quanto mais sofisticada a memória emocional, maior a capacidade de preservação da espécie. O nosso antílope, por exemplo, pode dispor de recursos de memória emocional bem mais sofisticados do que um pequeno peixe; por isso, aquele peixinho que nos escapa do anzol, no dia seguinte pode ser fisgado definitivamente.

Existe, porém, uma espécie animal cuja memória emocional é esplendidamente mais complexa do que todas as outras. Uma espécie que vem garantindo sua reprodução e que vem dominando o mundo: *o homem*. De fato, nenhuma outra espécie possui um resultado genético e uma aparelhagem nervosa tão elaborada quanto o ser humano. Um homem adulto é capaz de antever o risco do ataque de um determinado animal que o assustou na tela do cinema, quando ele ainda era uma criancinha! Esse inigualável aparato de medo e defesa é parte da sofisticação de nossa natureza humana.

Todavia, nem tudo é bom quando falamos de memória emocional, e um dos seus maiores defeitos é que *a memória emocional não é inteligente*. Quando o nosso antílope estiver novamente pastando à mesma região da savana em que foi atacado, e ouvir um mínimo ruído de algo que se mexe nas folhagens, ele vai "explodir" em uma reação de alarme e sair correndo em disparada. Depois de dezenas de metros, ele pode perceber que não se tratava do ataque de um leão, mas apenas de um passarinho que pousara perto dele; mas aí já é tarde: a reação de alarme já aconteceu e ele correu. Na verdade, a memória emocional foi feita para ser assim. Para poder escapar do rápido ataque de um felino, não dá para levantar a cabeça, olhar para trás, ver bem direitinho se é mesmo um leão e, depois disso tudo, iniciar sua corrida. Impossível, não há tempo para isso. A memória emocional precisa ser eficiente em aumentar a velocidade e a intensidade da reação, e não em aumentar a inteligência da resposta.

Podemos transferir o exemplo para um ser humano e sermos ainda mais claros. Vamos imaginar que você visite uma fazenda e vá caminhar pela mata próxima quando, de repente, se depara com algo no chão que se parece com uma cobra. Pode ser apenas uma raiz de árvore meio diferente, pode ser uma corda enrolada que alguém deixou ali, ou apenas uma cobra morta, ou mesmo uma cobra de brinquedo, ou ainda uma cobra não venenosa. Para sua memória emocional, nada disso importa! O fato é que pode ser mesmo uma cobra verdadeira, e venenosa, e não há tempo para mais nada: instala-se a reação de alarme! Você pula para trás, você grita, seu coração dispara... e depois – só depois – acaba percebendo que era apenas uma corda enroladinha. Mas é assim mesmo que tem que ser, porque se fosse o caso de uma cobra verdadeira, e venenosa, não haveria tempo para olhar com mais calma, analisar, examinar e depois concluir que era mesmo uma situação de perigo. A cobra já o teria picado.

O homem e o estresse

Como já dissemos, o homem é o campeão mundial da memória emocional. Imagine o indivíduo que para em uma determinada esquina; seu coração acelera, seus olhos buscam a direção do perigo, sua boca seca, seus músculos se contraem... e só depois ele se lembra de que viu alguém ser assaltado, ali mesmo, dez ou quinze anos atrás! Esta é a memória emocional humana. Uma verdadeira "usina atômica de antecipação do perigo", que nos trouxe ao patamar de espécie mais destacada do planeta.

Mas o homem tem uma capacidade que os animais não possuem. Joseph LeDoux[12] chama essa característica humana de: *a capacidade de pensar sobre seus medos.*

---

[12] Autor do livro *O cérebro emocional*. 2. ed. Rio de Janeiro: Objetiva, 1998.

Vamos imaginar o antílope bebendo água em um laguinho e aí pensar: será que o leão está por aqui me esperando? Ao ficar sonolento, à noite, imagina: e se o leão estiver logo ali, só esperando eu pegar no sono? Quando for "namorar" com a fêmea da espécie, ele idealiza: mas o leão pode estar por aqui, esperando que eu me distraia namorando. Vejam que esse bem-humorado quadro impossibilitaria a vida do antílope. Coloque-se no lugar dele. Você vai beber água, pensa no leão e... alarme! Vai dormir, pensa no leão e... alarme! Vai namorar, pensa no leão e... mais alarme! Como seria possível viver assim?

Pois, então, acredite, amigo leitor: muitos de nós vivem mais ou menos assim. Produzindo reações de alarme ao pensar sobre seus próprios medos. O antílope não fica pensando no leão; ele apenas *reage* diante do perigo, e reage mais rápido graças a sua memória emocional. Muitos humanos, ao contrário, vivem reações de alarme pensando em perigos que não estão ali presentes, que não são perigos imediatos. Na verdade, não pensamos exatamente nos perigos, *pensamos na possibilidade dos perigos*. Pensamos no prazo para um pagamento, na possibilidade de fracasso de um projeto, no que o chefe pode falar amanhã, no que o cônjuge pode fazer para nos magoar e, a cada ideação dessas, disparamos reações de alarme. Isso não é nada bom. *É isso que transforma o estresse de mecanismo de defesa em mecanismo de doença*. Alguns estudiosos diferenciam o estresse normal, fisiológico (ex.: pular ao ver uma cobra), do estresse inadequado, antifisiológico (ex.: pensar no chefe e disparar o coração). Chamam de bom estresse e mau estresse; ou de *eustress* e *distress*.

O estresse é um mecanismo de defesa, mas ao pensarmos demais sobre nossos medos e provocarmos reações de alarme desnecessárias, transformamos o estresse em uma via de doença.

A reação de alarme – natural – é feita para durar pouco: o antílope é atacado, corre, escapa e, pronto, acabou. Ele utiliza os batimentos acelerados, os músculos contraídos e as substâncias que libera no sangue para uma única coisa: escapar. Enquanto isso, os homens pensam sobre o que os preocupa, aceleram o coração, aumentam a pressão arterial, retesam seus músculos, enchem o sangue com substâncias do estresse (adrenalina, cortisol, dentre outras), mas não utilizam isso tudo para nada! Eles não vão fugir correndo, não vão lutar, mas mantêm o corpo preparado para isso quase o tempo todo. Seria como engatar a primeira marcha em seu carro, para conseguir subir a íngreme rampa da garagem, e depois continuar em primeira marcha durante toda uma viagem de duzentos ou trezentos quilômetros; e ainda tenta desenvolver alguma velocidade. Não há carro que resista! Não há motor que suporte! Pois, pode acreditar, muitos homens são como carros em velocidade, mas sempre em marcha de força. Muitos permanecem em uma espécie de semialarme contínuo, desgastando seu corpo e sua mente com um estado que foi feito apenas para situações de perigo imediato. Quando o antílope corre, ele gasta aquela energia obtida pela reação de alarme. Quando o homem se preocupa, essa energia, esses batimentos acelerados, essas substâncias liberadas no sangue, apenas contribuem para comprometer sua saúde: é o mau estresse.

O gerenciamento do estresse

Bem, se dissemos que o mau estresse é um risco para a saúde, isso significa que devemos encontrar um jeito de evitar suas consequências danosas. Mas como?

É possível viver sem estresse? Claro que não. Afinal, o estresse – como já explicamos antes – faz parte de um ciclo natural. Diante de um risco iminente, ficamos estressados para defender nossa sobrevivência, e é assim que tem de ser. Mas é possível gerenciar o estresse, reduzindo as situações estimuladoras do mau estresse, adotando medidas de redução do semialarme contínuo e protegendo o corpo para que ele não seja danificado pelos momentos estressores.

Neste capítulo, falaremos sobre algumas das medidas para evitar os danos causados pelo estresse. Essa estratégia de gerenciamento é composta, basicamente, de duas vertentes: as intervenções comportamentais e as intervenções sobre os hábitos de vida. Nas intervenções comportamentais temos: psicoterapia, ócio/lazer e técnicas comportamentais. Entre os hábitos de vida, iremos gerenciar: o sono, a alimentação, a atividade física e o gerenciamento da vida como um todo.[13]

Abordagem psicoterápica

Epicteto, um filósofo do século I, já dizia que "Não são as coisas que nos ferem, mas a visão que temos delas". Este é um dos preceitos de um dos ramos da psicoterapia: a terapia cognitivo-comportamental. Tal estilo de abordagem busca "reeducar o pensamento", ou seja, evitar que produzamos frequentes pensamentos causadores de estresse.

Vamos imaginar, por exemplo, que um vovô aposentado, aos 80 anos, tenha sempre em mente a crença de que "Eu não sirvo mais para nada". Ele vê o netinho tentando arrumar seus brinquedos e se oferece para ajudar, ao que a criança responde: "Pode deixar, vovô. Não precisa, não". Bem, para esse idoso, não restará mais dúvida, e isso só reforçará sua crença de que não serve mais para nada. E aí começam outras ideias, tais como: "Logo, logo, me colocarão em um asilo", ou "Devem estar tentando

---

[13] Leia, a esse respeito, a obra de Augusto Goldoni, *Estresse*: como transformar esse terrível inimigo em aliado. São Paulo: Paulinas, 2011. (N.E.)

primeiro tomar tudo o que tenho para depois se livrar de mim". E então desencadeia a ansiedade, que produz uma reação de alarme. Mas eu pergunto: essa reação de alarme é necessária? Ela está nos defendendo de algum perigo real? Certamente, não. É um mau estresse!

A terapia poderia, então, ajudar a esse idoso senhor a ver esses fatos sob um novo ângulo. Na verdade, quando vemos os fatos de forma diferente, eles adquirem significados diferentes. Se aquele vovô percebe que é amado e importante para a família, ele não vai mais interpretar a resposta do netinho de forma negativa. Quando ele se oferecer para ajudar, e a criança responder: "Pode deixar, vovô. Não precisa, não". A interpretação será outra, percebendo que o menino quer apenas lhe poupar do esforço, porque o ama e tem cuidado com ele. Nota-se, então, que o mesmo fato ganhou outro significado. Isso é o que se chama *ressignificação* dos fatos. Através da psicoterapia, é possível ressignificar aquelas situações que antes o incomodavam, e elas deixam de ser situações indutoras do mau estresse.

Ócio e lazer

Ao contrário do que muitos pensam, ócio não é "ficar fazendo nada".

Para entendermos o conceito de ócio, precisamos pegar todo o nosso tempo, excluir as horas de trabalho "direto" (que permanecemos no ambiente de trabalho), depois excluir as horas de trabalho "indireto" (nas quais executamos tarefas, embora já fora do ambiente do trabalho, como serviço levado para casa ou reuniões à noite no celular), excluir as horas para atender às necessidades básicas (tomar banho, comer ou ir ao banheiro, por exemplo) e excluir as horas de sono. Esse tempo que sobra é o que se chama de tempo ocioso.

Aquilo que se faz com o tempo ocioso é o que se chama de ócio.

O ócio pode ser usado de muitas formas. Pode ser aproveitado para descanso e relaxamento, para momentos de introspecção, para cultivar relações interpessoais, para experiências prazerosas, para atividades que levem ao desenvolvimento pessoal, enfim, para o repouso ou para o encontro consigo, com o outro, com a natureza e com a beleza.

De acordo com o tipo de atividade escolhida, alguns classificam o ócio como "destrutivo" ou "construtivo".

O ócio "destrutivo" seria exemplificado pelo ativismo frenético, pela busca compulsiva por sensações efêmeras (ex.: apenas beber – muito – no tempo livre), ou pelo consumismo (ex.: sempre fazer umas compras no shopping em qualquer hora de folga).

O ócio "construtivo" implicaria momentos que levassem ao crescimento pessoal, que promovessem a saúde e qualidade de vida, que propiciassem o equilíbrio psicofísico, que desenvolvessem as relações sociais, que envolvesse autêntico lazer, dentre outros.

Por falar em lazer, aí está algo muito mal-entendido. Para ser compreendida como lazer, uma atividade precisa ter motivação intrínseca, sendo feita apenas por interesse sincero e prazer (ex.: ir apenas porque o seu colega – ou chefe – também vai não é lazer). No lazer, as relações de punição ou recompensa são insignificantes (ex.: jogar por dinheiro – ou por caixas de cerveja – não é lazer). Porém, acima de tudo, o lazer é algo que, quando você o faz, *permite o distanciamento e esquecimento de situações estressoras*; ou seja, é uma atividade que o faz esquecer tudo que costuma preocupá-lo. Se alguém vai à Paris e janta em um restaurante caríssimo, enquanto pensa nas coisas que habitualmente o aborrecem, não será lazer. Se outro indivíduo vai tomar uma cervejinha e jogar sinuca em um boteco do bairro e, durante esse tempo, se esquece das suas preocupações, isso será lazer. Veja, portanto, que: 1) lazer não tem uma relação direta com o quanto você gasta; 2) diferentes pessoas podem ter diferentes atividades de lazer; e 3) não se trata de um evento físico. *Lazer é um evento psíquico.*

Técnicas comportamentais

As técnicas comportamentais são intervenções utilizadas para diminuir a ativação do "alarme contínuo".

Apesar de diversas, aqui falaremos sobre três delas: a respiração, o relaxamento e a meditação.

As técnicas respiratórias são uma combinação de simplicidade e de efetividade. Em todos os animais, percebemos que diferentes estados comportamentais correspondem a diferentes padrões respiratórios. Os animais respiram de uma maneira específica quando estão relaxados, ou alegres, ou felizes, ou excitados, e assim por diante. Contudo, apenas o ser humano é capaz de fazer o caminho inverso. Apenas o homem é capaz de utilizar uma técnica respiratória para, a partir dela, alterar o seu estado emocional. Pense nisso: apenas nós, humanos, temos essa dádiva! Podemos transformar nosso estado a partir da nossa respiração. Existem vários livros que ensinam técnicas respiratórias. Técnicas são ensinadas por autores como Michael Sky,[14] Swami Saradananda,[15] Scott Shaw,[16] E. Souchard[17] e Swami Sivananda,[18] dentre outros.

Também foram desenvolvidas técnicas com finalidade direta de relaxamento. Entre muitas delas, poderíamos destacar o relaxamento muscular progressivo, descrito

---

[14] *Respirando*. São Paulo: Gente, 1992.

[15] *Os segredos da respiração*. São Paulo: Publifolha, 2009.

[16] *Pranayama*. Rio de Janeiro: Nova Era, 2007.

[17] *Respiração*. São Paulo: Summus Editorial, 1989.

[18] *A ciência do Pranayama*. São Paulo: Pensamento, 1986.

por Jacobson,[19] em que os grupos musculares são sucessivamente relaxados para provocar um estado de redução do alerta. Também vale ressaltar o chamado treinamento autógeno de J. H. Schultz,[20] no qual são dados comandos ao corpo que atuam diretamente nos pontos e efeitos mais diretamente relacionados às tensões. Alguns outros livros mereceriam uma leitura, como o de Marilda Lipp[21] e o de Jenny Sutcliffe.[22]

Minha maior experiência, dentre as técnicas comportamentais, é com a meditação. A ela dediquei vários anos, com ela ajudei muitas pessoas e a partir dela escrevi um livro.[23] Ao contrário do que muitos pensam, meditar não é necessariamente uma atividade de cunho religioso. Eu, por exemplo, tenho utilizado a meditação como instrumento auxiliar ao gerenciamento do estresse. A meditação, assim como as técnicas de respiração e relaxamento, tem benefícios em curto prazo, reduzindo o estado de "alarme contínuo". Contudo, ela vai além, e também tem efeitos a médio e longo prazo, tais como progresso da capacidade de concentração, maior tato intuitivo,

---

[19] *Relax: como vencer as tensões*. São Paulo: Cultrix, 1981.

[20] *O treinamento autógeno*. São Paulo: Manole, 1989.

[21] *Relaxamento para todos*. Campinas: Papirus, 1997.

[22] *O livro completo de técnicas de relaxamento*. São Paulo: Manole, 1991.

[23] *Medicina e meditação*. São Paulo: MG Editores, 2005.

melhoria do sono, mudanças cognitivo-comportamentais (para melhor), dentre outros.

O "bom sono" como instrumento antiestresse

Não é à toa que fomos programados para passar quase um terço da vida dormindo.

O sono é um importantíssimo instrumento de repouso reparador, tanto físico quanto mental. Tal a sua importância, que hoje temos até uma especialidade médica só para estudá-lo e atendê-lo: a Medicina do Sono.

Apesar de toda essa importância, cada vez mais pessoas sofrem de distúrbios do sono. Já existem bem mais de 70 problemas de sono descritos e a cada ano novos problemas são apresentados. Quase ninguém se preocupa com seu sono, e muitas pessoas aceitam suas dificuldades de dormir como uma característica inexorável da própria existência. Compramos bons carros, mas não compramos bons colchões. Investimos em uma linda sala de estar, mas não privilegiamos as condições adequadas do nosso quarto de dormir.

Além disso, cada vez dormimos menos. Em 1910 dormia-se cerca de nove horas por noite. Atualmente a média diária não ultrapassa sete horas e meia. Com isso, estamos sujeitos a doenças que decorrem do sono de má qualidade. Dormir bem reduz o nível de mau estresse, aumenta a longevidade, melhora a qualidade de vida, melhora a pele e até – acredite – diminui a chance de nos tornarmos obesos.

Durma bem, e viva mais e melhor.

A alimentação

Em inglês, *body composition* é o nome que alguns pesquisadores americanos dão à nossa comida. Traduzindo literalmente, comida é "composição corporal". E isso faz todo sentido, já que nossas células não têm de onde tirar sua composição, a não ser daquilo que colocamos para dentro do corpo. Se respirarmos um ar puro e ingerirmos uma alimentação saudável, uma boa composição corporal estará garantida. Caso respiremos um ar poluído e nos alimentemos de refeições inadequadas, nosso corpo acabará sendo prejudicado por isso. Simples assim.

Para você saber se um prato é saudável, existem muitas formas, muitos livros, muitos profissionais que o orientarão. No entanto, uma das maneiras de descobrir isso é olhar para o seu prato (antes de comê-lo) e se perguntar: "É nisso que eu quero me transformar?".

É preciso comer bem, em quantidade equilibrada, em horário certo, em intervalo adequado, enfim, se alimentar consciente da importância da comida em nossa vida. Isso nos dará um corpo mais saudável, que não sofrerá tantos danos diante das reações estressoras do dia a dia.

Atividade física

Existem atletas que morrem de ataque cardíaco por uso de esteroides anabolizantes. Outros têm morte súbita, mesmo sem usar substâncias proibidas no esporte. Como médico ginecologista, conheci várias atletas há anos sem menstruar, com seu ciclo hormonal bastante alterado. Cheguei a ver jovens atletas com osteoporose (fraqueza dos ossos), por conta de sérios desequilíbrios hormonais. Em resumo, viver vida de atleta de competição de alto nível nem sempre é a forma mais saudável de viver.

Por isso, aqui falamos de atividade física, mas não da prática compulsiva de exercícios. Não falamos necessariamente de se matricular em uma academia, investir na moda *fitness*, fazer pose de atleta, permanecer "malhando" várias horas por dia, "bombar" os músculos até ficar deformado; não, nada disso. Falamos, isso sim, de exercícios moderados de academia, de caminhadas diárias (30 a 60 min.), de usar as escadas quando precisar subir um andar ou descer vários andares, de ir à pé para afazeres próximos de sua casa, e assim por diante. O segredo não está na obrigatoriedade de assumir um compromisso a mais para se exercitar, mas sim em trazer a movimentação física para o seu dia a dia.

A atividade física é muito importante, pois trabalha o corpo e descansa a mente. Quase todas as populações de longevos estudadas por pesquisadores – aquelas com um número significantemente maior de pessoas que atingem os 100 anos, quando comparadas a outros grupos populacionais – tinham em suas características uma boa alimentação, uma boa qualidade de sono, senso de humor e, também, ausência de sedentarismo.

Mexa-se. Não é necessária uma superprodução para ter atividade física. Apenas mexa-se, com regularidade e alegria!

Gerenciamento de vida

Vamos começar com uma metáfora, uma historinha. Tente imaginar uma empresa industrial de médio porte. Nessa empresa existiriam diversos setores, tais como diretoria, financeiro, administrativo, recursos humanos, produção, marketing/relação com o cliente, vendas, almoxarifado, depósito etc.

Agora, imagine que a direção dessa empresa resolve que um (ou dois) desses setores não merece tanta importância. Pode ser qualquer um deles, mas vamos pegar, por exemplo, o galpão de depósito.

O que aconteceria? Ora, por algum tempo o depósito aguentaria firme, mesmo sem receber mão de obra, treinamento, recursos financeiros, espaço físico e nem mesmo a chance de ser ouvido em suas necessidades. Porém, depois de alguns meses, o setor acabaria se tornando caótico, sem controle, sem eficiência e... iria começar a prejudicar a empresa como um todo. O administrativo estaria constantemente com os relatórios em aberto, por falta de organização do galpão. O grupo de vendas nunca estaria ciente do que tem armazenado para pronta entrega. O financeiro não saberia quanto recurso seria necessário para prover adequadamente o depósito. E assim por diante, até que a desordem se disseminasse por toda a empresa. Em outras palavras: numa empresa, uma parte mal gerenciada vai acabar afetando o desempenho do todo.

Para entender a utilidade dessa metáfora acima, basta imaginar nossa vida como uma empresa com vários setores, tais como vida profissional, saúde física, equilíbrio mental, organização financeira, relacionamento social, vida afetiva, ócio/lazer, dentre vários outros. Agora, imagine que um desses setores não recebe sua atenção. O que aconteceria? O mesmo que aconteceu na empresa da nossa historinha. Pouco a pouco, aquele setor se deterioraria e, passado algum tempo, começaria a prejudicar todos os outros setores da sua vida.

Cheryl Richardson frequentemente trabalha com pessoas bem-sucedidas profissionalmente, mas que não estão satisfeitas com sua qualidade de vida. Segundo essa autora, temos de descobrir quais são os aspectos da nossa vida que andam "tirando nossa energia", para poder reparar esse erro de gerenciamento. Se um profissional de sucesso, por exemplo, é muito negligente com sua vida financeira, ele acabará sempre "sugado" pelas preocupações com suas finanças pessoais. Isso lhe trará preocupação, reação de alarme desnecessária; em suma: mau estresse.

Gerenciar a vida – acredite – é gerenciar o estresse.

***

Com este tópico, procuramos dar uma ideia geral do que é o estresse, de como – e quando – ele pode ser prejudicial à sua saúde e sua carreira, e de como gerenciá-lo. Aquela clássica historinha do profissional "bem-sucedido" que, depois de uma brilhante ascensão, vai parar no hospital (e nem sempre volta) não é mais um exemplo de azar; é um exemplo de teto profissional.

À medida que aumenta a *exigência*, mais o estresse precisará ser administrado. Maior número de horas, maior número de tarefas, maior responsabilidade. Tudo isso, aumentando a adrenalina e exigindo alguma estratégia para lidar com ela.

À medida que aumenta a *evidência*, mais será necessário gerenciar o estresse. Frequentemente, uma estratégia de gerenciamento de estresse que funcionava quando você trabalhava sozinho em uma sala (ex.: parar a cada 2 horas para amassar uma bolinha e atirar dardos em um alvo na parede) pode não ser mais aceitável para um chefe que está sempre diante da equipe, continuamente requisitado e sem tempo para paradas frequentes.

> "Ainda falta descobrir a serenidade; ainda
> falta dominar a ansiedade e aprender
> a esperar; ainda me falta pacificar,
> deixando o coração ficar mudo;
> ainda falta aprender quase tudo."
>
> *Anna Duarte*

Gosto pela atividade escolhida

Aproximadamente um terço de nossas vidas nós passaremos dormindo. Pelo menos outro terço, passaremos trabalhando. Por isso, trabalhar com algo que não nos inspira é como dormir no chão e ao relento por semanas, meses, anos: não há quem resista sem consequências nocivas.

A depender do que fazemos, ficaremos muito mais tempo no trabalho do que no nosso lar. Estaremos no ambiente de trabalho por períodos muito maiores do que aqueles com nossas pessoas mais amadas. Por isso, se não gostarmos daquilo que fazemos, estaremos sob grande risco de sermos infelizes.

Como dizia uma antiga terapeuta minha: "Precisamos fazer coisas que nos alimentem". E esse alimento não pode ser apenas o material, a comida. Mas também o alimento da alma, da essência de nossos corações. Não há como ter entusiasmo sem gostar de sua profissão. O entusiasmo gera a dedicação. A dedicação não parecerá um esforço. A prática sobrevirá naturalmente. A mistura de sua eficiência com seu prazer acabará contagiando a todos... e assim você poderá ser bem-sucedido. Conheci alguns poucos superprofissionais na vida e percebi algo que todos têm em comum: eles não parecem trabalhar; parecem apenas viver aquela profissão naturalmente e vibrar com o que fazem com alegria.

Isso não quer dizer que você tenha de procurar fazer apenas as coisas que gosta. Afinal, como diz o professor e consultor Stephen Kanitz,[24] nenhum patrão irá lhe pagar para bater papo, contar piadas, tomar cervejas, jogar futebol, enfim, para fazer só as coisas que acha divertidas. Diferente disso, devemos buscar ocupações que tenham alguma afinidade conosco, para que com o tempo não se tornem insuportáveis. É dificílimo, por exemplo, para um vegetariano convicto trabalhar como assistente em um açougue; e tal fato independe do dinheiro que ele ganharia com essa atividade.

Costumo diferenciar aptidão de vocação. Aptidão significa ter facilidade para executar as tarefas relacionadas a uma profissão; em outras palavras, é deter as competências necessárias para o exercício daquele trabalho. Quando, a essas habilidades, se junta a vontade de trabalhar naquilo e o prazer de exercer esse ofício, isso é vocação. Podemos até estabelecer um elo, razoavelmente forte, entre a vocação e a competência. Afinal, quando se gosta muito do que se faz, sempre haverá uma maior disposição

---

[24] Visite o site: <www.kanitz.com>.

para estudar, para praticar, para se atualizar, enfim, para investir em vários aspectos que acabarão por elevar sua competência, torná-lo mais competitivo, mais disposto a trabalhar e, por consequência, elevar o seu ganho. Por isso, buscar conhecer sua vocação é muito recomendável.

É importante também compreender que existem vários fatores que fazem alguém *se candidatar* a um emprego; inclusive a necessidade, mas que nem sempre essas serão as mesmas razões que fazem o indivíduo *permanecer* naquele emprego. Se você quiser saber quais os fatores que farão com que tenha vontade de *continuar* em um determinado emprego, lembre-se da sigla: AGASP – Afinidade, Ganho, Ambiente, Status e Perspectiva. Vamos entender isso melhor, nos próximos parágrafos.

Afinidade, quando o emprego combina com você, com suas convicções, com suas características de personalidade. Exemplo favorável: assistente social (por vocação) trabalhando em uma ONG que dá suporte a comunidades carentes. Exemplo desfavorável: religioso ortodoxo trabalhando em um clube de *strippers*.

Ganho, porque é com nosso trabalho que pagamos as nossas contas. Exemplo favorável: qualquer emprego com salário compatível com o mercado, com seu currículo e com suas competências. Exemplo desfavorável: um emprego, mesmo agradável, onde o pagamento está abaixo de mercado, ou de sua capacidade profissional.

Ambiente, onde se encontre uma sensação de comunidade, com respeito mútuo, justiça, coerência e senso de equipe. Nesse quesito, uma das peças fundamentais são os líderes que aquela empresa oferece para você. Em minha opinião, um bom líder já é mais da metade do caminho para um bom ambiente. Exemplo favorável: em resumo, um lugar onde você se sente bem e que, quando está indo para lá todas as manhãs, tem uma sensação agradável. Exemplo desfavorável: aquele lugar que, só de lembrar, já lhe traz uma sensação de mal-estar, desconfiança, de ausência de apoio, de injustiça, de crítica mordaz e de sobrecarga de trabalho; ao ir trabalhar, todos os dias, sua sensação é de desânimo, mal-estar e de ceticismo (achando que não vale mais a pena qualquer esforço de sua parte).

Status, de certa forma, é aquilo que se pode e se gosta de contar para os outros. Às vezes, é agradável poder dizer onde se trabalha, sabendo que se trata de uma empresa de alta reputação e/ou com uma bonita sede e/ou com uma nobre localização e/ou que atenda a uma clientela diferenciada e/ou que sabidamente só contrata aqueles que são os melhores.

Perspectiva é motivo para ter esperança, entusiasmo, fé no futuro. Seria um lugar no qual existe um plano de carreira e/ou que esteja em franca expansão e/ou que lhe faça vislumbrar a possibilidade de ser um futuro sócio.

Nesse lugar, quando você olha para frente, vê algumas luzes que poderão iluminar sua vida futura.

Dessa forma, relatamos os elementos que fazem com que alguém permaneça em um emprego. É até possível que apenas um deles tenha feito com que o profissional *escolhesse* aquele emprego, mas serão *todos eles*, em maior ou menor grau, que irão garantir sua *permanência* nesse trabalho.

É indispensável gostar do que se faz, mesmo que não se faça apenas aquilo que se goste.

À medida que aumenta a *exigência*, mais é preciso apreciar sua atividade profissional. Naquele emprego que lhe tomava somente quatro a seis horas diárias (e que era apenas tolerável), você pode ser promovido, ter sua carga horária aumentada, e seus dias podem rapidamente se tornar insuportáveis.

À medida que aumenta a *evidência*, mais ficará manifesta sua insatisfação. Ao ser promovido para a gerência, em uma atividade com a qual não se afina, o profissional será cada vez mais requisitado por todos os membros da equipe, e essa solicitação, ao contrário de lhe dar prazer, será um peso cada vez maior sobre seus ombros.

"Escolha o trabalho de que gostas e não terás de trabalhar um único dia em tua vida."

Confúcio

A Alma mater da profissão escolhida

Aqui, falaremos sobre um aspecto que tem relação com o gosto pela profissão escolhida, mas que nos leva um pouco mais além.

Embora com similares em diversas culturas, o termo *Alma mater* é uma expressão de origem romana, referente à "Deusa-Mãe", ao princípio feminino universal, que gesta e nutre todas as coisas. No catolicismo medieval, tornou-se uma das alusões à Virgem Maria.

No terreno profissional, poderíamos dizer que diferentes grupos de atividades possuem diferentes princípios.

Um artista, por exemplo, tem uma profissão cuja *Alma mater* é a criatividade a partir de outra forma de ver o mundo e os homens. Um poeta, ou um pintor, nunca olhará para o mundo e verá o mesmo que nós. O poeta verá, em cada fato e em cada gesto, os movimentos gerados na substância emocional humana e tentará expressá-los em seus versos. O pintor olhará para uma cena e enxergará uma miríade de cores e movimentos de luz e sombras, e isso é o que será apresentado em seus quadros. Embora o poeta tenha uma atividade distinta do pintor, ambos os ofícios têm uma mesma "mãe primordial": a visão diferenciada e criativa.

Um médico, um policial e um bombeiro têm profissões com a *Alma mater* de servir. Um vocacionado "soldado do fogo" se sentirá preenchido ao salvar alguém de um prédio em chamas. Um verdadeiro policial é "alimentado" quando socorre a família que estava tendo a casa assaltada. Um médico autêntico experimentará uma sensação de recompensa ao tirar a dor ou reduzir o sofrimento de um paciente. Esse tipo de recompensa, de preenchimento, é diferente daquilo que o dinheiro pode dar. É algo mais visceral; é uma espécie de premiação emocional. Médico, policial e bombeiro são profissionais bem diferentes, mas exercem profissões que atendem a um mesmo princípio: servir ao outro.

Naturalmente, isso não quer dizer que um profissional não deve buscar um ganho digno para manter suas necessidades e atividades. Como já conversamos no capítulo anterior, o ganho é um dos fatores que influencia a permanência de um profissional em uma profissão.

Em resumo, temos de aprender a equilibrar três aspectos: a vocação, o emprego e a oportunidade.

Seguir sua vocação é buscar aquilo que o alimenta. Buscar um bom emprego é correr atrás de um bom salário, um bom ambiente, uma boa perspectiva etc.

Aproveitar as oportunidades é tirar o maior proveito possível das chances que a vida lhe dá; aquelas que estão logo à sua frente. Percebo que quase todos os casos de profissionais bem-sucedidos são histórias de alguém que percebeu sua vocação, buscou um bom emprego e (não menos importante) fez o melhor possível com aquilo que tinha nas mãos. Os dois primeiros aspectos costumam ser valorizados; o terceiro, porém, é frequentemente esquecido. Enquanto o ideal não vem, continue procurando, mas *faça o melhor com aquilo que já tem nas mãos.*

Voltemos, então, ao nosso assunto principal. Perder a *Alma mater* de sua profissão é perder o rumo de sua história profissional. É como o pintor que quer apenas vender quadros e vive apenas para fazer pinturas facilmente comercializadas. É como um médico que esquece que é um prestador de serviços e começa a achar que o paciente não passa de um chato, que o incomoda todos os dias. É como o policial que perde o conceito de servir à população e passa a se achar um superpoderoso indivíduo acima dos outros, agindo com rispidez, arrogância e até mesmo violência desnecessária.

Perder contato com o princípio básico de seu ofício é perder o norte. É como um veleiro que navega sem um mapa. É como um touro cego na arena.

Neste capítulo não falei sobre a *exigência* ou sobre a *evidência*. Nem mais isso importará, quando o indivíduo perder a essência que deu origem à sua profissão.

"Há quem passe pelo bosque e só veja lenha para fogueira."

Leon Tolstoi

Marketing pessoal

Há um velho ditado que diz: "Não basta botar o ovo; é preciso também cacarejar". Em outras palavras, poderíamos dizer que, tão importante quanto ter competência, é ter visibilidade, é ser conhecido e reconhecido. As técnicas que levam a isso, em seu conjunto, são chamadas de marketing pessoal.

No entanto, em plena era da globalização, da comunicação em massa, das vias de sucesso rápido, essa história de marketing pessoal não é algo tão simples assim. Saber como "vender o seu peixe" é fundamental. Um profissional pode falar de suas atividades de uma forma quase mágica; como diz um amigo meu, tem gente que "faz teco-teco parecer Boeing". Por outro lado, se não souber como se comunicar, ele pode pôr a perder todo um trabalho pessoal que levou anos para ser construído, fazendo aquilo que é bom parecer medíocre.

Certa pessoa, que conheci de perto, trabalhou por trinta anos em uma empresa e dirigia o maior de todos os seus departamentos. Em um dado momento, a diretoria da empresa resolveu transformar aquele Departamento em uma nova Diretoria. Ali estava sua grande chance! Durante essa transição, ele foi naturalmente mantido como chefe interino do novo setor que estava recebendo o *status* de diretoria. Afinal, ele já era o chefe do setor; ele já conhecia o cargo como ninguém; sua competência já era algo testado e aprovado. Contudo, esse funcionário exemplar não quis se promover visando ao cargo de direção. Ele pensava que permanecer em seu posto, sem fazer alarde, trabalhando pontualmente, com dedicação, e sem falar de si, seria a atitude mais correta, mais ética e mais meritória de todas. Pois enganou-se! Na mesma empresa, outro chefe de departamento começou então a "turbinar" seu currículo, contratou um consultor de carreira, distribuiu e-mails sobre seu novo site pessoal (e profissional), apareceu "por acaso" em todos os eventos sociais que a Diretoria frequentou durante três meses. O que aconteceu? Ele se promoveu e se fez lembrar... e acabou recebendo o novo posto da Diretoria. Caso você me pergunte: "O outro não era melhor?", "O outro não sabia tudo sobre o cargo?", "O outro não parecia o mais indicado". Resposta: sim; mas menosprezou por completo a eficiência de uma boa estratégia de marketing pessoal.

Para saber exercer um bom marketing pessoal é preciso entender três etapas básicas: o que evitar, o que entender e o que fazer.

Primeiramente, devem-se evitar alguns deslizes elementares no terreno da imagem pessoal, tais como: ser conhecido como atrasado ou "furão", falar demais, falar de menos, não saber se vestir de acordo com a ocasião, ser um rabugento mal-humorado, dentre outros.

Segundo, é preciso que se entendam alguns princípios, que apresentamos aqui. Não adianta ter um bom produto (você!), se ninguém souber que o produto existe e o quanto ele é bom: busque sempre a visibilidade. Seu chefe e sua empresa têm de ser vistos como seus clientes; em relação a eles, você é um prestador de serviços, que tem de agradá-los e ser sempre bem falado por eles, mesmo no caso de deixar essa empresa. Tudo o que for divulgado sobre seu produto (você!) *tem que ser verdadeiro*; a propaganda enganosa é fatal, é um "tiro no pé"; mais cedo ou mais tarde, uma mentirinha vai prejudicá-lo de alguma maneira.

Finalmente, devemos saber o que fazer para ter um bom marketing pessoal. Antes de tudo, é preciso ser alguém simpático, com bom relacionamento interpessoal. Dentro do seu ambiente de trabalho, seja alguém de quem sempre se espera certa ajuda ou certa orientação dada de boa vontade; e que essa ajuda e/ou orientação seja habitualmente de boa qualidade. Mantenha contato, relacione-se, mesmo com quem não lhe será necessário imediatamente; não ser esquecido é o mínimo a ser conseguido no âmbito do marketing pessoal. Entenda aonde quer chegar e quais são os seus objetivos, pelo menos a curto e médio prazo; a partir daí, divulgue seus pontos fortes que podem ligar sua imagem a esses objetivos. Veja mais dicas sobre isso através dos textos de Wagner Campos[25] ou de Carlos Hilsdorf.[26]

Por fim, lembrando as dicas de Lucia Bidart,[27] é fundamental vibrar sinceramente com o que se faz, pois só aí você sempre terá vontade de falar sobre seu ofício, em quase todas as ocasiões, com quase todas as pessoas, e sempre de forma sincera, pois os seus interlocutores irão saber quando você é mesmo autêntico ao falar com empolgação daquilo que faz.

À medida que aumenta a *exigência*, mais será importante a divulgação do seu trabalho. Como vimos no exemplo da historinha, o novo cargo de diretor foi perdido pelo mais indicado dos colaboradores, porque lhe faltou a mínima estratégia de marketing pessoal. Ele, que foi mais do que suficiente para exercer aquela função por tantos anos, em um momento crucial da sua carreira foi insuficiente para "vender o seu peixe".

---

[25] Disponível em: <www.trueconsultoria.com.br>.

[26] Disponível em: <www.portaldomarketing.com.br>.

[27] Autora de *Marketing pessoal:* manual prático. Rio de Janeiro: Gryphus, 2001.

Foi exigido, não estava preparado, e chocou-se contra um teto profissional.

À medida que aumenta a *evidência*, mais estaremos em foco, sendo vistos pelo que somos, pelo que falamos, pelo que fazemos e por como nos relacionamos. A evidência nos dá oportunidade de exercer ao máximo nosso marketing pessoal; mas, por outro lado, também expõe como nunca uma eventual inabilidade em divulgar nossas próprias qualidades.

"A competência, assim como a verdade,
a beleza e lentes de contato,
está nos olhos do observador."

Laurence Peter

Liderança

Quando todas as barreiras parecem ter sido batidas, quando todos os impedimentos parecem ter sido subjugados, quando todos os tetos parecem ter sido atravessados, é então que surge um dos maiores de todos os desafios: *liderar pessoas.*[28]

Marcus Buckingham e Curt Coffman, estudando – com o Instituto Gallup – a atuação de milhares de indivíduos bem-sucedidos em cargos de gerência, afirmam em seu livro que, quando alguém pede para deixar seu emprego, raramente está querendo deixar a empresa. Na maior parte das vezes, "um colaborador pede demissão porque quer deixar o seu chefe".[29]

Nesse mesmo livro, eles mostram uma pesquisa sobre uma grande rede de lojas americana, que, aplicando aos funcionários um questionário – indiretamente –, avaliava a liderança dos gerentes e a motivação que

---

[28] A esse respeito, vale a pena conferir a obra de Maria Elisa Moreira, *Liderar não é preciso*: um guia prático para o dia a dia dos líderes. 3. ed. São Paulo: Paulinas, 2012. (N.E.)

[29] BUCKINGHAM, Marcus; COFFMAN, Curt. *Primeiro, quebre todas as regras.* Rio de Janeiro: Campus, 1999.

a empresa era capaz de fornecer. Nas lojas em que as pontuações eram mais altas, a lucratividade estava 14% acima da meta esperada. Enquanto isso, nas lojas com notas baixas, havia um déficit em torno de 30% abaixo das metas. Importante: as lojas eram fisicamente idênticas! O que fez a diferença: os líderes.

Neste capítulo, veremos o que é ser um líder, quais as deficiências capitais a serem evitadas, quais as qualidades que devem ser buscadas e, por fim, quais os maiores empecilhos para a liderança.

O que é ser um líder

Você pode ter feito uma carreira brilhante até então, e conseguiu conquistar um cargo proeminente dentro da empresa; ou então já tem até sua própria empresa. É chegado um momento muito importante: a hora de liderar. Mas para liderar, antes teremos que nos perguntar: o que é um líder?

Ser líder não significa ser um "mandão", sempre pronto a dar ordens a todos e em todos os momentos. Mas um líder, eventualmente, precisa ser firme.

Ser líder não é ser "autossuficiente", sempre desafiando metas sem esperar apoio de ninguém, sem interagir. Porém, um líder às vezes precisará ser o apoio de si mesmo.

Ser líder não consiste em ser promovido a um cargo de chefia e simplesmente dizer: "Pronto! Agora sou um líder". Mas um líder, em algumas ocasiões, talvez tenha de exercer seu comando.

Ser líder não é sinônimo de ser um guru, que está sempre disposto a aconselhar todo mundo e palpitar sobre a vida pessoal de sua equipe. Contudo, um líder, em certas situações, terá que saber ouvir e saber mostrar o caminho.

Ser líder não significa ser um super-homem, que nunca demonstra fraqueza, e que resiste a qualquer desafio. Entretanto, às vezes, diante de alguns desafios, um líder precisará ser muito forte.

Ser líder não é ser um "decidido"; um sujeito que não pensa, não ouve e não vê: apenas faz. Com certeza, não. Todavia, eventualmente, um líder, quando ninguém estiver acreditando, precisará dar decididamente o primeiro passo e servir de exemplo para os outros.

Ser líder não consiste em ser um o "crítico de plantão", sempre apontando os defeitos de tudo e de todos. Mas um líder, em certos casos, terá de apontar alguns pontos a serem melhorados em um projeto ou em um membro da equipe.

Afinal... o que é ser um líder?

Muitas são as definições de liderança no atual meio do empreendedorismo. Mostro, aqui, aquela que me parece a mais adequada para descrever esse indivíduo tão importante para uma empresa. Essa definição, que é uma mescla de várias outras, diz que: *Um líder é aquele capaz de aglutinar e conduzir a energia de um grupo em direção a objetivos compartilhados.*

Aglutinar, porque é aquele que une, em torno de si, pessoas que são diferentes, mas que terão algo em comum: o líder.

Conduzir, porque é o líder quem mostra a direção. O grupo confia nele, confia em sua capacidade de escolher o rumo a tomar.

Energia, porque o que os colaboradores dão a mais para seu líder não é apenas seu tempo; não é apenas seu apoio; não é apenas sua compreensão. É algo bem mais além: todos dão ao líder o seu inteiro comprometimento, a sua energia pessoal.

Objetivos compartilhados, porque é apenas quando o grupo entende a força da união pela liderança que todos começam a compartilhar objetivos.

Um líder é o homem dos "C's". Trata-se de um *condutor* natural, *cúmplice* fiel, *colega carismático*, *chefe confiável*, que se *comunica* de forma *clara* e é quase sempre muito *convincente* para a equipe.

Defeitos capitais

Algumas qualidades são necessárias para a liderança. Contudo, antes delas, temos que evitar alguns defeitos que sabotam nossa condição de liderar. Vamos enumerar os principais.

Isolamento

Liderança é feita a partir da convivência. Primeiro se convive com os colegas para, a partir desse convívio, exercer a liderança. Quando alguém se isola, esse alguém terá dificuldade para liderar. Não existe mais aquele chefe que, continuamente trancado dentro de uma sala, permanecia inacessível a todos. Era visto apenas quando chegava, quando saía e, às vezes, quando desaparecia para almoçar. Apenas os assessores mais próximos o viam diariamente e, quando se encontravam, era apenas para broncas ou ordens inquestionáveis. É preciso convívio, e não existe convívio com o chefe isolado de todos. Já dizia um provérbio chinês que "os ausentes estão sempre errados".

Individualismo

Um líder sempre pensa no grupo. Ele sabe que o bem-estar do grupo é fundamental para o cumprimento das metas estabelecidas. Ele entende que, juntos, todos poderão conseguir as vitórias almejadas. Quem insistir em pensar apenas em si mesmo, dificilmente será seguido por outros.

Descompromisso

Para que um grupo se comprometa plenamente com um projeto, antes irá ter de notar o comprometimento do seu líder. É difícil comandar um grupo – e mantê-lo motivado – quando sua própria figura não demonstra compromisso.

Incoerência

Quando se olha para um líder, é preciso ver nexo em suas atitudes. Já dizia Gandhi que "acreditar em algo e não vivê-lo é desonesto". Isso se aplica, principalmente, ao que ele diz e faz. Seus discursos e suas atitudes devem ter conexão. Posturas de casuísmo e fisiologismo não são compatíveis com a liderança. A incoerência atrapalha muito os planos de quem pretende liderar. É bom também lembrar as palavras de Eduardo Girão, que falam: "Com os nossos olhos, vemos o mundo; com as nossas ações, o mundo nos vê".

Desequilíbrio emocional

Dentre os vários aspectos da coerência, está a consistência emocional. Naturalmente, quando se conduz os destinos de um grupo, surgirão obstáculos, imprevistos, pequenos atritos interpessoais, enfim, tudo aquilo que faz parte de um ambiente de trabalho habitual. Nesses momentos, espera-se do líder também uma atitude emocional equilibrada. O profissional emocionalmente desequilibrado poderá até se tornar um chefe, mas será bem difícil se tornar um líder.

Mau caráter

Para liderar, é necessário, antes de tudo, inspirar confiança. Um grupo precisa confiar em alguém para se sentir inclinado a segui-lo. Aquele que, para galgar posições, "puxa o tapete" de um, ou que "pisa na cabeça" de outro, ou apela para a maledicência, um dia tentará ser líder, e se verá em grande dificuldade. Poderá até ter seus comandados, mas esses não lhe serão fiéis nem sinceros. Na primeira oportunidade, eles lhe virarão as costas, pois não estarão com ele por convicção, mas apenas por medo ou por oportunismo.

Antipatia

Para agregar pessoas em torno de si, é fundamental ser alguém de convivência prazerosa ou, no mínimo, não ser de convívio insalubre. Um bom líder também deve ter bom humor. Dizia Shakespeare que "é mais fácil obter o que se deseja com um sorriso do que à ponta da espada". Por isso, quem não puder ser simpático, deve pelo menos esforçar-se para não ser antipático, sob pena de nunca ter seguidores.

Inveja

Como disse o autor Fred A. Manske, "o grande líder é aquele que está disposto a desenvolver as pessoas até o ponto em que elas eventualmente o ultrapassem em seu conhecimento e habilidade". Não há espaço para inveja nos grandes líderes. Há tanto para planejar, tanto para conquistar, tanto para crescer, que não há tempo para isso. Haverá espaço para todos, e todos deverão crescer juntos. Se apenas o líder cresce, esse será um falso líder. Invejar seu próprio liderado é sinal de desajuste emocional e de individualismo, e ambos são defeitos que comprometem o princípio da liderança.

Persistência no erro

Diversos artigos que li me ensinaram que os melhores líderes do mundo, quando tomam decisões, têm um percentual de acertos um pouco maior de 50%. Apenas cinquenta por cento! Dá para acreditar? Eles erram em quase metade das escolhas que fazem. Em outras palavras, podemos dizer que todos nós, ao liderarmos, iremos errar, e com frequência. Diante disso, o problema não está nos erros, mas em nossa reação ante o erro. Eu mesmo costumo dizer que, quando toda minha equipe diz que estou errado, eu, muito provavelmente, estarei mesmo fazendo uma avaliação errônea da situação.

Lembro-me de uma situação que me marcou muito. Houve uma época, na história de nosso país, que o dignitário de um alto cargo público (que vou chamar de A) estava para cair. Nessa ocasião, tive a oportunidade de almoçar com alguém que lhe era relativamente próximo (que chamarei de B). Eu comentei: "B, eu não entendo por que A não procura o Legislativo e negocia sua permanência. Afinal, ele não fez (de errado) mais do que tantos outros já fizeram". B respondeu: "Por que ele quase nunca negocia. Ele não gosta de negociar". Eu insisti: "Mas esta é a hora dele mudar". B respondeu: "Ele nunca vai mudar". Aí, então, B continuou com uma frase que nunca mais esquecerei: "Roberto, como é que você vai dizer a uma pessoa, para quem tudo deu certo até hoje, que a maneira dele agir está errada?". De fato, ninguém negociou com ninguém, e o dignitário perdeu seu importante cargo.

Temos de aprender com essa história, pois *nem sempre o comportamento que nos levou até um cargo será suficiente para nos manter nesse mesmo cargo*. Perceber a hora de mudar de atitude é algo difícil, mas necessário. Um líder errará, com certeza, e isso não lhe impedirá de conduzir um grupo. Basta reconhecer que errou e "tocar a bola para frente". A persistência no erro, porém, pode ser um empecilho para a continuidade de sua liderança. Persistir no erro não passa uma imagem de força; passa uma ideia de obstinação cega, de teimosia burra, e torna o grupo descrente em relação ao pretenso líder.

Qualidades "internas"

Diversas qualidades aumentam a competência para liderar. Iremos falar apenas das principais. Para efeitos didáticos, vamos dividi-las aqui em dois tipos. As qualidades "internas", que dizem respeito ao indivíduo; as qualidades que as pessoas podem *sentir* nele. Depois veremos as qualidades "externas", mais relativas aos aspectos comportamentais, que as pessoas podem *ver* nele.

Conhecimento

Para ser um líder, nem sempre é necessário ser o indivíduo com maior conhecimento no grupo. Contudo, liderar sem conhecimento é muito difícil.

Mas a que tipo de conhecimento aqui nos referimos? Ora, ao conhecimento da profissão, do(s) ofício(s) que desempenha sua equipe. Para se entender as dificuldades que cada um dos liderados atravessa, é preciso tê-las vivido antes, ou pelo menos tê-las visto de perto.

Também é necessário conhecer a empresa, sua história, sua missão, sua visão, seus valores, e a história e perfil daqueles que a dirigem. Além disso, igualmente é indispensável estar sempre atualizado quanto às informações novas, geradas dentro da própria empresa. Conduzir um grupo durante um projeto exige que se conheça o terreno que se irá pisar durante essa jornada.

Automotivação

Querem saber de onde uma equipe tira motivação? Dentre outros lugares, do seu próprio líder. Querem saber de onde o líder tira sua motivação? Principalmente, de si mesmo. Como? Sendo um líder vocacionado, que sente prazer com o crescimento do grupo; que sente alegria pela oportunidade de promover o crescimento. As dificuldades, ao invés de desmotivá-lo, deixam-no ainda mais afeito a estimular seu grupo a unir-se e trabalhar. Para seguir alguém, as pessoas precisam senti-lo vivo, com ânimo de continuar em frente. Balzac dizia que "um homem começa a morrer na idade em que perde o entusiasmo". Uma pessoa que não conseguir motivar nem a si mesmo, dificilmente reunirá colaboradores motivados em torno de si. Como diz o escritor e consultor Jack Welch, "líderes celebram", gozam da vitória, estimulam futuros projetos, e assim criam uma atmosfera otimista e prazerosa dentro do grupo.

Um líder verdadeiro *sempre* fará muito mais elogios do que críticas; dará muito mais estímulos do que reprimendas.

Autodisciplina

Estabelecido um projeto, e já existindo a motivação necessária, é preciso dedicar-se a ele. Disse Thomas Edison que "um gênio é uma pessoa de talento que faz toda a lição de casa". Por isso, um líder dedica-se a um projeto com afinco, seriedade e, especialmente, disciplina. Aquele que não tiver disciplina em seus atos, tampouco terá uma equipe disciplinada para guiar.

Autoconfiança

Liderança é confiança. Grandes estudiosos do assunto, como Jack Welch e James Hunter, lembram sempre que ninguém lidera sem antes ter a confiança do grupo. Tal premissa é bastante lógica, pois como alguém iria seguir com afinco alguém – ou algo – em que não confia?

Deve-se ter a confiança do grupo e, para isso, o ponto de partida é a confiança em si mesmo. Afinal, se alguém não acredita que é capaz, como o grupo acreditará nele? James Hunter lembra que "liderança é como você se comporta; não é gerenciamento de tarefas".[30]

---

[30] HUNTER, James. *O monge e o executivo*. Rio de Janeiro: Sextante, 2004.

Foco

Um projeto, quando benfeito, tem objetivos claros e data marcada para acabar. Um bom líder será aquele que conduzir o grupo para a concretização do projeto, da forma mais eficiente possível. Isso só será possível com foco.

Uma boa liderança não apenas tem foco, como também a capacidade de lembrar ao seu grupo, sempre que necessário, qual é o foco do momento, qual a direção que não pode ser perdida. Quanto melhor o líder, mais isso será feito de forma natural, sem perda da motivação dos seus liderados.

Iniciativa

Liderar é reunir, ouvir, convencer, e depois colocar em funcionamento. Aquele que conduz um grupo deve ter iniciativa, precisa mostrar sua vontade em trabalhar pelo projeto e ser proativo. Quem olha para trás em sua carreira, tem de enxergar exemplos de proatividade.

Determinação

Entre os defeitos capitais da liderança, sobre os quais falamos antes, estava a persistência no erro. Estar claramente errado, e ainda assim insistir no seu ponto de vista, é obstinação patética.

Por outro lado, quando o rumo parece certo, deve-se manter o curso com energia e determinação. Um líder dificilmente será aquele que desanima com facilidade, que é pessimista, que logo desiste. Liderança e determinação são irmãs. Quando alguém é determinado e, ao mesmo tempo, tem poder de convencer seu grupo, já estará a meio caminho de liderar.

Concretização

Um líder gosta de concretizar. Ele fala, convence, lidera e... obtém um resultado. Os grandes líderes costumam ter histórias de projetos que concretizaram. Sua própria vida é um exemplo disso. Ele sabe que, como diz César Souza, "projetos nada mais são que sonhos com hora marcada".[31] Um bom líder sonha, depois faz sonhar e, por fim, concretiza em conjunto com seu grupo.

Resolutividade

Problemas sempre existirão. Poderão ser maiores ou menores, mas sempre acontecerão. Assim é a vida. Lembro-me bem do meu colega Hildoberto Oliveira, que me dizia uma frase bem contundente: "Todo panaca tem a vida extremamente atribulada e cheia de imprevistos".

---

[31] SOUZA, César. *Você é do tamanho dos seus sonhos*. São Paulo: Gente, 2005.

Esta frase, a primeira vista, é muito forte, quase mal-educada. Contudo, o que ele queria dizer é que assim é a vida, com momentos ótimos, mas também com atribulações, imprevistos, chateações etc. Assim é a vida, e nos cabe desfrutá-la, enquanto vamos resolvendo aqueles problemas que forem aparecendo. Os que ele chamou de "panacas" são aqueles que não conseguem entender que a vida é assim.

A propósito, você sabia que não existe evidência científica de que as pessoas felizes têm menos problemas do que as pessoas infelizes? Vale a pena pensar sobre isso...

Um líder inevitavelmente encontrará problemas no percurso em direção aos objetivos do grupo. O que fazer? Buscar soluções.

Entender o que se espera dele

O primeiro passo para um profissional desenvolver as qualidades necessárias é entender o que se espera dele. Isso serve para qualquer tipo de teto profissional e, naturalmente, também se aplica à liderança. Certa vez, alguém disse que "os líderes, inclusive políticos e clérigos, existem para beneficiar as pessoas". De fato, essa é a função do líder: agregar, gerar otimismo, motivar, conduzir pelo convencimento e, principalmente, beneficiar o grupo. É isso o que se espera dele.

Qualidades "externas"

Vejamos, agora, as características comportamentais mais fáceis de ver em um bom líder.

Exemplo

Quase todos conhecem aquela célebre frase popular, que diz: "Faça o que eu digo; não faça o que eu faço". Pois bem, isso é *incompatível* com a boa liderança. Um líder não apenas *fala* sobre ideias e projetos. Ele *acredita* em ideias e *executa* projetos. Suas ideias convencem. Seus projetos se concretizam. Ele tem de ser um exemplo daquilo que pretende que todo o grupo também seja. Uma boa definição disso nos foi dada por C. Budington Kelland, quando falou: "Meu pai não me disse como viver. Ele viveu e deixou-me observá-lo".

Por isso, se um líder acredita na equipe, acredita na missão e acredita no sucesso, precisa mostrar isso a cada momento de coexistência com o grupo.

Saber ouvir

Aprendi, como médico, o preceito de Catherine de Hueck Doherty, que prega que "com o dom de ouvir vem o dom de curar". Um bom líder sabe que, ao ser procurado, terá de ouvir antes de tudo. Mesmo que pense que a outra pessoa não tem razão, deverá ouvi-la, sempre.

Pode ser que ela lhe conte uma faceta da história da qual ele nem sequer suspeitava. Pode ser que ela saiba que seu pleito ainda não é possível, mas necessite desabafar um pouco. Pode ser que ela lhe dê uma boa sugestão para resolver o problema em questão (uma boa ideia às vezes vem de onde menos se espera). Como dizia Dean Rusk, Secretário de Estado dos Estados Unidos em 1961 a 1969, "Um dos melhores modos para persuadir os outros é com os teus ouvidos – escutando-os".

Saber decidir pelo grupo e pela parte

Liderar envolve fazer escolhas, tomar decisões, e é exatamente na hora de uma escolha que se percebe a aptidão de liderança. Ao tomar decisões, um líder verdadeiro pensará *sempre* no grupo, eu digo sempre, mesmo. Ele nunca se esquece de que decide não apenas por si mesmo; decide pelo grupo. É claro que existirão motivações pessoais, interesses próprios, porém o benefício do grupo nunca será esquecido. Afinal, *é a força do grupo que faz a força do líder*.

Hoje eu coordeno uma equipe específica de um importante laboratório médico. Contudo, esse laboratório nem sempre foi grande. Lembro-me bem de que, quando convidado para montar essa equipe, fui simultaneamente convidado por outro laboratório, à época bem maior, para fazer algo semelhante por lá. Precisei fazer uma escolha. O laboratório maior me oferecia condições imediatas bem melhores, porém o (então) pequeno laboratório parecia um terreno mais fértil para que meu grupo crescesse e se desenvolvesse. Isso pesou na minha decisão, e escolhi o caminho com mais potencial para meu grupo. Hoje, o grupo trabalha junto, cresceu junto e foi beneficiado por essa escolha. Decidi pelo grupo e isso acabou por me beneficiar também.

Ao mesmo tempo, um líder tem de conhecer todos os membros do grupo e saber o efeito que uma decisão sua terá sobre cada um deles. Ao decidir o melhor para o grupo, deverá se antecipar ao eventual efeito negativo dessa decisão sobre cada um dos membros, e procurar evitá-lo. Houve uma ocasião em que tivemos de mudar o sistema de atendimento em um dos serviços que trabalhamos, e eu sabia que uma das médicas da equipe não se adaptaria bem ao novo sistema; porém, essa mudança era benéfica para o grupo como um todo. Era uma decisão delicada. O que fiz? Decidi pela mudança e consegui convencer outro membro da equipe a trocar de local de atendimento com a colega que teria a dificuldade. Também consegui mostrar a ela que a troca era uma coisa benéfica para todos, e que não a depreciaria em nada; ao contrário, até lhe traria vantagens.

Saber a melhor velocidade de decisão

Quando se fala em relacionamento interpessoal, tudo tem hora e lugar. Se você, por exemplo, precisar pedir um aumento para o seu chefe, tem que escolher o lugar certo e, principalmente, o dia certo. Da mesma maneira, um líder, para decidir bem, deve ter um ritmo de decisão adequado.

Em algumas situações as decisões têm de ser rápidas. Por exemplo, a correção de um método de trabalho que está trazendo graves prejuízos ao grupo. Mesmo que o grupo não acompanhe os motivos dessa decisão, ela trará benefícios tão importantes para todos que o líder fará a escolha e depois explicará ao grupo, convencendo pacientemente a todos da importância de ter tomado uma decisão tão rápida.

Em outros momentos, a deliberação precisa ser mais lenta. Como exemplo, teríamos aquela modificação que o líder vê que é claramente melhor para a equipe. Mas, ao conversar com o grupo sobre essa mudança, percebe que ainda desperta alguns receios, alguns protestos. Por vezes, esperar apenas alguns dias a mais permitirá que a grande maioria da equipe pense, converse, entenda e aceite melhor o novo caminho, e colabore com a mudança de forma mais efetiva do que se ela fosse decidida abruptamente.

Dizia Lao-Tsé, quando se referia ao princípio taoísta do equilíbrio, também conhecido como o Caminho do Meio: "Quem pode pelo repouso aos poucos clarear o turvo? Quem pode pelo movimento aos poucos avivar a paz?". Neste nosso caso, a resposta seria: o líder.

Comunicação clara

Peter Drucker foi alguém que revolucionou a relação das empresas com seus funcionários e que ensinou muito de liderança a todos nós. Seus livros ensinaram a importância do fator humano nas organizações. Hoje, quando se fala em patrimônio humano de uma empresa, estão sendo pregados os preceitos deste impressionante gerenciador de recursos humanos. Uma de suas contundentes frases dizia que "Sessenta por cento de todos os problemas administrativos resultam de ineficácia na comunicação".

Incrível, não é mesmo?! Isso quer dizer que vários profissionais em cargos de gestão tentam liderar, tentam pensar no grupo, tentam motivar a equipe, mas, simplesmente, não conseguem ter uma comunicação clara. Vamos ver, abaixo, alguns erros de comunicação.

- Achar que aquilo que se discutiu dentro de uma sala ficará claro para quem está fora dela.

- Pensar que falar – mesmo que seja rápido e no corredor da empresa – é se fazer entender.

- Ao explicar algo, não perguntar quais foram as dúvidas da equipe – ou não ouvi-las com atenção.

- Explicar em demasia, e com tantos detalhes, que o colaborador, saturado, não consegue mais digerir tanta informação e os aspectos principais acabam ficando mal-entendidos.

Lembre-se da ótima frase de Duda Mendonça: "Comunicação não é o que você diz. É o que os outros entendem".

Empatia

A melhor definição de empatia que conheço é a que diz: "Empatia é a capacidade de se colocar no lugar do outro". Isso, certamente, é uma exigência para conduzir pessoas.

Para pensar pelo grupo, e por cada parte dele, o líder tem de ser capaz de "entrar" na mente e no coração de cada um dos seus dirigidos. E, quando digo isso, não me refiro a perguntar: "No lugar dele, o que eu faria nesta situação?". Deve-se perguntar: "Se eu fosse ele, com a história de vida dele, com a cabeça dele, o que eu pensaria e sentiria nesta situação?".

Detectar idiossincrasias

A partir do ponto em que se tem desenvolvida a empatia, é possível comandar de forma única cada um dos seus colaboradores. É possível entender suas peculiaridades e necessidades. É possível, assim, detectar idiossincrasias, ou seja, enxergar a forma única de ser que cada um deles tem.

Como diziam Buckingham e Coffman, no livro que citamos ao início deste capítulo, "Um erro comum, em um gerente, é tratar os outros *como você gostaria* de ser tratado. Você tem que tratar as pessoas *como elas querem ser tratadas*". Para isso, é preciso ter empatia.

Cada pessoa tem sua forma de ser, de reagir a uma ordem, de lidar com um desafio, de interpretar uma abordagem do chefe. Um líder percebe esses aspectos individuais e consegue – na medida do possível – adequar sua ação a cada indivíduo, e isso faz uma enorme diferença.

Otimismo

Volto, aqui, a citar Jack Welch, quando ele diz que "líderes celebram". Afinal, uma pessoa só será seguida por outras se for alguém com uma postura otimista, de "alto astral", sempre enxergando que pode ser possível chegar até onde se quer.

Não falo aqui no otimismo cego que, quando tudo dá errado, mantém o sorriso no rosto e a intenção de continuar; isso seria persistência no erro. Eu falo, isto sim, da expectativa positiva perante o futuro, mantendo o ânimo e motivando todos os seguidores.

O pessimismo é uma enorme barreira à liderança.

As superqualidades

Além dos atributos que listamos, existiriam ainda algumas qualidades mais raras, que, no superlíder, podem estar somadas aos predicados básicos. Eu as chamaria de superqualidades de um líder.

A primeira delas seria o carisma, aquele "algo" pessoal que atrai a todos, que faz com que seja sempre gostoso estar por perto daquela pessoa.

A segunda, o equilíbrio entre a razão e a intuição. Existem líderes mais racionais, outros são mais intuitivos, mas apenas um superlíder consegue equilibrar com maestria a cabeça e o coração e guiar-se pelos dois, simultaneamente.

A terceira, a capacidade de "ler situações". O líder que "lê as entrelinhas" nas diferentes circunstâncias pode enxergar numa crítica, um pedido de atenção; ou ver em um plano fracassado uma oportunidade de reflexão do grupo; ou ainda num litígio entre colegas, a chance de reunir habilidades complementares. Um superlíder olha para qualquer ocasião de forma diferente dos outros, percebe além dos outros, vê o que ninguém vê.

Por fim, em quarto lugar, podemos citar a visão de futuro. O supercomandante enxerga bem mais na frente do que outros. Percebe, por exemplo, na fusão entre duas empresas, um teto profissional coletivo de toda sua equipe, que poderá impedir seu futuro aproveitamento pela empresa nos novos tempos que virão. Assim, desde já, ele conduz seu grupo a um novo aprendizado e o adapta à futura realidade antes mesmo que os outros percebam que essa realidade existirá.

Esses superlíderes são raros, mas existem... e não têm preço. Entretanto, sugiro que cultivemos metas realísticas, evitando os defeitos capitais e buscando as qualidades essenciais à liderança, pois isso já nos será suficiente para enfrentar importantes desafios profissionais no futuro.

Empecilhos à liderança

Quando alguém reúne as qualidades necessárias, e evita os defeitos capitais, um novo líder começa a ser forjado. Contudo, existem algumas situações que temos visto que, mesmo diante de algumas qualidades individuais, pode prejudicar esse caminho. Chamamos esses empecilhos de "nós de liderança", porque quando presentes prejudicam demais a ascendência do possível líder sobre o grupo e *devem ser desatados* sob pena de ser impossível liderar.

Quase sempre, quando presentes os "nós de liderança", *a única saída será o afastamento do líder ou do comandado* dessa relação profissional. Por isso, aqueles que trabalham em cargos de Direção precisam estar atentos a este tipo de situações que, quando instaladas, irão requerer uma intervenção de instância superior.

Baixo nível de competência

Ao contrário do que pode parecer, um líder não tem de ser o mais forte, nem o mais inteligente, nem o mais antigo. Contudo, ter um mínimo de competência no tipo de função com que seu grupo atua.

Toda equipe tem indivíduos mais e menos competentes. Porém, existe um nível médio de competência que caracteriza cada grupo, e o seu possível líder não pode estar abaixo da competência média do grupo. Quando isso acontece, é difícil conquistar o respeito dos colegas, mesmo que existam as qualidades habitualmente necessárias à liderança.

Não é preciso ser supercompetente para ser líder, porém é exigido um nível mínimo de competência para pretender ser seguido.

Grave discordância de valores

Um bom gerente necessita assimilar os valores da empresa e, para isso, ele e a empresa não podem ter valores antagônicos. Por exemplo, é difícil para um vegetariano convicto ser nomeado para gerenciar um novo matadouro de gado que a empresa acaba de adquirir.

Da mesma forma, um seguidor deve ter certa consonância de valores com seu líder. Como exemplo, poderíamos citar um médico que prima por sua capacidade técnica, mas não se preocupa em dar atenção e cordialidade ao seu cliente. Seria difícil, para ele, ser liderado por um coordenador médico que valorizasse muito o gentil acolhimento ao cliente. Eles teriam uma discordância visceral de valores, e a liderança, em princípio, estará impossibilitada.

Legitimidade não reconhecida

Vemos alguns casos em que um novo líder claramente se estabelece. Ele faz seguidores, agrega a equipe, motiva o grupo e obtém bons resultados. Contudo, ainda assim, um ou dois membros da equipe se recusam a reconhecê-lo como líder. Talvez porque se julgassem os líderes por merecimento, talvez por serem mais antigos e acreditarem que apenas os mais antigos mereceriam liderar, talvez por já terem uma antiga questão pessoal com o líder, talvez por simplesmente não desejarem ser liderados por alguém, ou por qualquer outra razão. Liderar esses indivíduos, a partir daí, é dificílimo! Eles adotam um comportamento no qual desconhecem a liderança. A mensagem implícita que esse tipo de comportamento transmite é: "Você pode liderar os outros, mas *nunca* será meu líder".

Frequentemente, essa história, quando já não era pessoal, acaba virando uma questão pessoal, e a liderança é praticamente impossível.

Alguns defeitos capitais discretos

Já falamos dos defeitos capitais que devem ser evitados para obter a liderança.

É claro que, um ou dois desses defeitos, em fraca intensidade ainda podem conviver com uma gerência bem-sucedida. Contudo, a partir de uns quatro ou mais desses defeitos, mesmo que discretos, a liderança começa a ser comprometida.

Seria o exemplo de um coordenador de setor que fosse um tanto isolado, um pouquinho antipático, levemente individualista e meio mau caráter. A liderança está gravemente comprometida, sem remédio a curto ou médio prazo.

Poucos defeitos capitais exacerbados

Caso os defeitos, mesmo que poucos, sejam acentuados, não se formará um líder. Bastam dois defeitos capitais acentuados para barrar a relação com os seguidores.

Um chefe que seja muito incoerente e bastante descompromissado nunca reunirá colaboradores em torno de si. Da mesma forma, um gerente emocionalmente bem desequilibrado e de péssimo caráter jamais conquistará a confiança da equipe.

À medida que aumenta a *exigência*, a capacidade de liderança ganhará maior importância. Aquele coordenador que mantinha um bom relacionamento com a equipe terá de saber liderar, quando um novo projeto difícil e desafiante é apresentado. A equipe sentirá medo, e neste momento a falta da boa liderança poderá pôr tudo a perder.

À medida que aumenta a *evidência*, um líder precisará mostrar sua preparação para guiar seguidores. O antigo chefe de setor que foi alçado a um cargo de Direção agora terá de reunir-se mensalmente com os coordenadores, ouvi-los, agregá-los, motivá-los, convencê-los e guiá-los. Sem qualidades de liderança, isso não será possível.

"A diferença entre um chefe e um líder:
um chefe diz 'Vá!'; um líder diz 'Vamos!'."

E. M. Kelly

PARTE III
PREVENINDO
OS TETOS PROFISSIONAIS

Como evitar os tetos profissionais

Por todo este livro, estivemos falando dos tetos profissionais, os grandes obstáculos, ou armadilhas, que nos esperam durante nossa carreira.

Esses tetos foram apresentados, explicados, exemplificados, mas... como poderíamos nos defender deles? Como poderíamos evitá-los? Este é o tema deste capítulo.

Quando falamos em prevenir um teto profissional, na verdade falamos em três etapas básicas: perscrutar, antever e reagir, como mostra a figura abaixo.

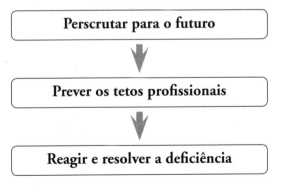

Falemos, agora, sobre cada uma dessas etapas.

Perscrutar

O primeiro degrau para evitarmos surpresas futuras é olhar *também* para diante. É tirar os olhos fixos apenas no agora e "levantar a visão" para o que poderá vir pela frente. Trata-se de evitar a tranquilidade excessiva, sentir-se em uma zona de conforto, relaxar e acreditar que nada mais precisa ser feito; que basta apenas esperar; que é como "um barquinho com ventos favoráveis"; que a progressão é só uma questão de tempo.

Do ponto de vista profissional, viver o presente, lembrando-se de que existe também o futuro, é parte do seu sucesso.

Citando a frase de Whitney Young Jr.: "É melhor estar preparado para uma oportunidade e não ter nenhuma, do que ter uma oportunidade e não estar preparado".

Antever

Muito bem. Agora você já olha para frente. A partir daí, é possível prever os tetos profissionais. Basta se perguntar, qual será a próxima necessidade da minha empresa? Qual é a nova ferramenta de trabalho que muito provavelmente fará parte do meu dia a dia? Quais os requisitos profissionais para o cargo que está logo acima do meu?

Aquele que trabalha em uma construtora, que acaba de instalar uma incorporadora, deve procurar se informar sobre esse aspecto do mercado. Quem é profissional de telemarketing, deve se informar sobre quais os novos sistemas de atendimento que estão fazendo sucesso no mercado. Um supervisor deve buscar desenvolver as qualidades necessárias para um gerente.

Lembre-se das palavras de H. Jackson Brown, que dizia que: "A oportunidade dança com aqueles que já estão no salão".

Reagir

Caso você anteveja algum teto, reaja. Se você viu a tempo de preencher essa lacuna, vá atrás da sua melhoria. A sua empresa está estudando se fundir com uma companhia americana e seu inglês é fraco? Matricule-se em uma escola de inglês *ainda neste mês*. Você é um supervisor, percebe que pode ser o novo gerente regional e anda isolado do grupo, comece *agora* a conversar mais com as pessoas que você possivelmente irá liderar, ouça-as com intenção sincera de entendê-las, seja um agregador desde já. Você é um gerente, percebe que pode ser o próximo diretor e sua dicção é ruim, procure *logo* um fonoaudiólogo e melhore sua fala.

Em outras situações, você pode se deparar com um teto iminente. Imagine que a empresa na qual você é um diretor vai se fundir com uma parceira americana já na semana que vem e que seu inglês deixa muito a desejar. Não se desespere nem desanime. Procure rapidamente um curso intensivo de inglês, dê prioridade a esse projeto, estude bastante e diminua esse déficit. Conte aos seus superiores sobre essa sua iniciativa. Mostre que está interessado em se comunicar melhor em inglês para melhor atender às necessidades dessa nova empresa. Não desanime. Reaja. Como dizia Winston Churchill, "Um otimista vê uma oportunidade em cada calamidade. Um pessimista vê uma calamidade em cada oportunidade".

"Um pequeno vazamento eventualmente afunda um grande navio."

Provérbio Chinês

Palavras finais

Somos seres de potencial ilimitado, mas esse potencial precisa ser explorado, passo a passo, no decorrer de nossa vida. A excelência profissional é uma conquista de etapas, e não uma mágica, não um "estalar de dedos".

Mesmo quando formos competentes, ainda assim teremos algumas deficiências. Ninguém é capaz de saber tudo sobre tudo, nem de reunir todas as competências ao máximo, ao mesmo tempo. Por isso, ao olhar para o futuro, quase sempre acharemos lacunas a preencher. Com isso, não devemos desanimar, mas sim celebrar o fato de que estamos conseguindo antever o teto que poderia nos dificultar mais adiante. Estamos prevendo o perigo a tempo de evitá-lo, e isso é ótimo!

É importante estarmos preparados para as oportunidades futuras. Quase sempre, quando conhecemos alguém que "estoura" em algum ramo profissional, essa pessoa já trabalhou muito, já se preparou muito, para esperar essa oportunidade. Abraham Lincoln já dizia: "Se eu tivesse nove horas para cortar uma árvore, levaria seis horas afiando meu machado".

Naturalmente, em nossa vida profissional também dependemos de sorte e de bom relacionamento, porém dependemos muito mais de nossa competência, tanto técnica quanto comportamental. Trabalhar em nossos possíveis tetos futuros é preparar o terreno para o sucesso, quando ele se voltar para nós.

Por isso, fique atento aos seus possíveis tetos profissionais futuros. Perceba-os sem angústia. Resolva-os sem amargura. Crescer é parte da vida; assim sendo, resolver nossas limitações é tão somente viver em crescimento. Preste atenção principalmente aos seus *tetos comportamentais*, pois eles são os mais perigosos. Os maiores valores que já vi cair por terra não foram prejudicados por limitações técnicas, e sim por suas limitações comportamentais. Um deslize na nossa forma de pensar, um tropeço na forma de agir, pode pôr a perder uma brilhante carreira.

Apenas assim, vivos, alertas, crescendo e sempre aprendendo cada vez mais, poderemos cumprir a maior das vocações do ser humano: ser cada vez mais completo; ser cada vez mais feliz!

Obrigado por sua confiança!

"Levei vinte anos para fazer sucesso
da noite para o dia."

Eddie Cantor

Impresso na gráfica da
Pia Sociedade Filhas de São Paulo
Via Raposo Tavares, km 19,145
05577-300 - São Paulo, SP - Brasil - 2012